ÉLÉMENS

DE LA

GRAMMAIRE FRANÇOISE,

Par M. LHOMOND,

Professeur-Émérite en l'Université de Paris.

A AVIGNON,

Chez Laurent Aubanel, Imprimeur-Libr.
du Lycée.

1810.

[illegible]

[illegible]

[illegible]

[illegible]

PRÉFACE.

C'est par la Langue maternelle que doivent commencer les Etudes , dit M. Rollin. Les Enfans comprennent plus aisément les Principes de la Grammaire , quand ils les voient appliqués à une Langue qu'ils entendent déjà , et cette connoissance leur sert comme d'introduction aux Langues anciennes qu'on veut leur enseigner. Nous avons de bonnes Grammaires françoises , mais je doute que l'on puisse porter un jugement aussi favorable des Abrégés qui ont été faits pour les Commençans. Les premiers Elémens ne sauroient être trop simplifiés. Quand on parle à des enfans , il y a une mesure de connoissances à laquelle on doit se borner , parce qu'ils ne sont pas capables d'en recevoir davantage. Il est surtout important de ne pas leur présenter plusieurs objets à la fois : il faut , pour ainsi dire , faire entrer dans leur esprit les idées une à une , comme on introduit une liqueur goutte à goutte dans un vase dont l'embouchure est étroite : si vous en versez trop en même temps , la liqueur se répand , et rien n'entre dans le vase. Il y a aussi un ordre à garder ; cet ordre consiste principalement à ne pas supposer des choses que vous n'avez pas encore dites , et à commencer par les connoissances qui ne dépendent point de celles qui suivent. Enfin il y a une manière de s'énoncer accommodée à leur foiblesse : ce n'est point par des définitions exactes , et par conséquent abstraites , qu'on leur fera connoître les objets dont on leur parle ; mais par des caractères sensibles et qui les rendent faciles à distinguer.

On sent que, pour exécuter ce plan, il faut connoître les enfans. Appliqué pendant vingt années aux fonctions de l'instruction publique, j'ai été à portée de les observer de près, de mesurer leur portée, de sentir ce qui leur convient : c'est cette connoissance, que l'expérience seule peut donner, qui m'a déterminé à composer des Livres élémentaires. Puisse l'exécution remplir l'unique but que je me propose, celui d'être utile, et d'épargner à cet âge aimable une partie des larmes que les premières Études font couler !

ÉLÉMENS

DE LA

GRAMMAIRE FRANÇOISE.

INTRODUCTION.

La Grammaire est l'art de parler et d'écrire correctement. Pour parler et pour écrire on emploie des mots ; les mots sont composés de lettres.

Il y a deux sortes de lettres, les *voyelles* et les *consonnes*.

Les voyelles sont *a*, *e*, *i*, *o*, *u*, et *y*. On les appelle *voyelles*, parce que seules, elles forment une voix, un son.

Il y a trois sortes d'*e* ; *e* muet, *e* fermé, *e* ouvert.

L'e *muet*, comme à la fin de ces mots *homme*, *monde* : on l'appelle *muet*, parce que le son en est sourd et peu sensible.

L'e *fermé*, comme à la fin de ces mots *bonté*, *café* : cet *e* se prononce la bouche presque fermée.

L'e *ouvert*, comme à la fin de ces mots *procès*, *accès*, *succès* : pour bien prononcer cet *e* il faut appuyer dessus , et desserrer les dents.

L'*y* grec s'emploie le plus souvent pour deux *ii*, comme dans *paysan , moyen, joyeux* : prononcez *pai-isan , moi-ien , joi-ieux*.

Il y a dix-huit consonnes , savoir *b , c , d , f, g , h , j , k , l , m , n , p , q , r , s , t , v , x , z.* Ces lettres s'appellent *consonnes'*, parce qu'elles ne forment un son qu'avec le secours des voyelles , comme *ba , be , bi , bo , bu : ca , ce , ci , co , cu : da , de , di , do , du*, etc.

La lettre *h* ne se prononce pas dans certains mots, *l'homme*, *l'honneur*, *l'histoire*, etc. qu'on prononce comme s'il y avoit *l'omme , l'onneur l'istoire :* alors on l'appelle *h muette*.

Mais dans les mots suivans la *haine* , le *hameau* , le *héros* , la lettre *h* fait prononcer du gosier la voyelle qui suit : alors on l'appelle *h aspirée :* ainsi l'on écrit , et l'on prononce séparément les deux mots *la haine* , et non pas *l'haine , les héros* , et non pas comme s'il y avoit *les zhéros*.

Des Voyelles longues et brèves.

Les voyelles *longues* sont celles sur lesquelles on appuie plus long-temps que sur les autres en les prononçant.

Les voyelles *brèves* sont celles sur lesquelles on appuie moins long-temps.

Par exemple , *a* est long dans *pâte* pour faire du pain ; il est bref dans *patte* d'animal.

e est long dans *tempête* , et il est bref dans *trompette*.

i est long dans *gîte*, et bref dans *petite*.

o est long dans *apôtre*, et bref dans *dévote*.

u est long dans *flûte*, et bref dans *butte*.

Pour marquer les différentes sortes d'*e*, et les voyelles longues, on emploie trois petits signes que l'on appelle *accens*, savoir l'accent aigu (´) qui se met sur les *e* fermés, *bonté*; l'accent grave (`) qui se met sur les *e* ouverts, *accès*; et l'accent circonflexe (^) qui se met sur la plupart des voyelles longues, *apôtre*.

Il y a en françois dix sortes de mots qu'on appelle les *parties du discours:* savoir le *nom*, l'*article*, l'*adjectif*, le *pronom*, le *verbe*, le *participe*, la *préposition*, l'*adverbe*, la *conjonction* et l'*interjection*.

CHAPITRE PREMIER.

PREMIÈRE ESPÈCE DE MOTS.

Le Nom.

Le *Nom* est un mot qui sert à nommer une personne ou une chose, comme *Pierre*, *Paul*, *livre*, *chapeau*.

Il y a deux sortes de noms, le nom *commun*, et le nom *propre*.

Le nom *commun* est celui qui convient à plusieurs personnes, ou à plusieurs choses semblables : *homme*, *cheval*, *maison*, sont des noms communs ; car le nom *homme* convient à Pierre, à Paul, etc.

Le nom *propre* est celui qui ne convient qu'à une seule personne ou à une seule cho-

8. *Elémens*

sé, comme *Adam*, *Eve*, *Paris*, la *Seine*.

Dans les noms il faut considérer le *genre* et le *nombre*.

Il y a en françois deux genres, le *masculin* et le *féminin*. Les noms d'hommes ou de mâles sont du genre masculin, comme un *roi*, un *lion*, les noms de femmes ou de femelles sont du genre féminin, comme une *reine*, une *lionne*. Ensuite par imitation l'on a donné le genre masculin ou le genre féminin à des choses qui ne sont ni mâles ni femelles, comme un *livre*, une *table*, le *soleil*, la *lune*.

Il y a deux nombres, le *singulier* et le *pluriel*: le singulier, quand on parle d'une seule personne ou d'une seule chose, comme *un homme*, *un livre*: le pluriel, quand on parle de plusieurs personnes ou de plusieurs choses, comme *les hommes*, *les livres*.

Comment se forme le pluriel dans les noms.

RÈGLE GÉNÉRALE.

Pour former le pluriel, ajoutez *s* à la fin du nom: le *roi*, les *rois*; la *reine*, les *reines*; le *livre*, les *livres*; la *table*, les *tables*.

Première Remarque. Les noms terminés au singulier par *s*, *z*, *x*, n'ajoutent rien au pluriel: le *fils*, les *fils*; le *nez*, les *nez*; la *voix*, les *voix*.

Deuxième Remarque. Les noms terminés au singulier par *au*, *eu*, *ou*, prennent *x* au pluriel: le *bateau*, les *bateaux*; le *feu*, les *feux*; le *caillou*, les *cailloux*.

Troisième Remarque. La plupart des noms terminés au singulier par *al*, *ail*, font leur pluriel en *aux*, le *mal*, les *maux* ; le *cheval*, les *chevaux* ; le *travail*, les *travaux* ; (excepté *détails*, *éventails*, *portails*, *gouvernails*, *camails*, *épouvantails*.) *Aïeul*, *ciel*, *œil*, font au pluriel *aïeux*, *cieux*, *yeux*.

CHAPITRE II.

SECONDE ESPÈCE DE MOTS.

L'Article le , la , les.

L'ARTICLE est un petit mot que l'on met devant les noms communs , et qui en fait connoître le genre et le nombre.

Nous n'avons qu'un article *le* , *la* , au singulier ; *les*, au pluriel. *Le* se met devant un nom masculin singulier , *le père* : *la* se met devant un nom singulier féminin , *la mère* : *les* se met devant tous les noms pluriels soit masculins, soit féminins , *les mères* , *les pères*. Ainsi connoît qu'un nom est du genre masculin, quand on peut mettre *le* devant ce nom : on connoît qu'un nom est du genre féminin quand on peut mettre *la*.

Il y a deux remarques à faire sur l'article.

Première Remarque. On retranche *e* dans le mot *le* ; on retranche *a* dans *la* , quand le mot suivant commence par une voyelle , ou une *h* muette.

Ainsi l'on dit *l'argent* pour *le argent*; *l'his-*

toire pour *la histoire* ; mais alors on met à la place de la lettre retranchée cette petite figure (') qu'on appelle *apostrophe. Voyez* Chap. X , *vers la fin , au Mot Orthographe.*

Deuxième Remarque. Pour joindre un nom à un mot précédent, on met *de* ou *à* devant ce nom : *fruit de l'arbre utile à l'homme.*

Alors au lieu de mettre *de le* devant un nom masculin singulier qui commence par une consonne , on met *du.*

Au lieu de *à le* on met *au.*

Devant un nom pluriel, *de les* se change en *des ; à les* se change en *aux.*

SINGULIER MASCULIN.

le Roi.
Palais *du* Roi , pour *de le* Roi.
J'obéis *au* Roi , pour *à le* Roi.

PLURIEL MASCULIN.

les Rois.
Palais *des* Rois , pour *de les* Rois.
J'obéis *aux* Rois , pour *à les* Rois.

PLURIEL FÉMININ.

les Reines.
des Reines , pour *de les* Reines.
aux Reines , pour *à les* Reines.

Au contraire *de* et *à* devant *la* ne se changent jamais.

SINGULIER FÉMININ.

la Reine.
de la Reine.
à la Reine.

CHAPITRE III.

TROISIÈME ESPÈCE DE MOTS.

L'Adjectif.

L'ADJECTIF est un mot que l'on ajoute au nom pour marquer la qualité d'une personne ou d'une chose, comme *bon* père, *bonne* mère ; *beau* livre, *belle* image : ces mots *bon*, *bonne*, *beau*, *belle*, sont des adjectifs joints aux noms *père*, *mère*, etc.

On connoît qu'un mot est adjectif, quand on peut joindre le mot *personne*, ou *chose* : ainsi *habile*, *agréable* sont des adjectifs, parce qu'on peut dire, *personne habile*, *chose agréable*.

Les adjectifs ont les deux genres *masculin* et *féminin*. Cette différence de genre se marque ordinairement par la dernière lettre.

Comment se forme le Féminin dans les Adjectifs françois.

RÈGLE GÉNÉRALE.

Quand un adjectif ne finit point par un *e* muet, on y ajoute un *e* muet, pour former le féminin : *prudent*, *prudente* ; *saint*, *sainte* ; *méchant*, *méchante* ; *petit*, *petite* ; *grand*, *grande* ; *poli*, *polie* ; *vrai*, *vraie* ; etc.

Exceptions.

Première Exception. Les adjectifs suivans, *cruel*, *pareil*, *fol*, *mol*, *ancien*, *bon*, *gras*, gros, *nul*, *net*, *sot*, *épais*, etc. doublent au féminin leur dernière consonne avec l'*e* muet ; *cruelle*, *pareille*, *folle*, *molle*, *ancienne*, *bonne*, *grasse*, *grosse*, *nulle*, *nette*, *sotte*, *épaisse*.

Beau et *nouveau* ont au féminin, *belle*, *nouvelle*, parce qu'au masculin on dit aussi *bel*, *nouvel*, devant une voyelle ou une *h* muette, *bel oiseau*, *bel homme*, *nouvel appartement*.

Deuxième exception. Blanc, *franc*, *sec*, *frais*, ont au féminin *blanche*, *franche*, *sèche*, *fraîche*.

Public, *caduc*, font *publique*, *caduque*.

Troisième Exception. Les adjectifs *bref*, *naïf*, font au féminin *brève*, *naïve*, en changeant *f* en *v* : *long* fait *longue*.

Quatrième Exception. Malin, *bénin* font *maligne*, *bénigne*.

Cinquième Exception. Les adjectifs en *eur* font ordinairement leur féminin en *euse* : *trompeur*, *trompeuse* ; *parleur*, *parleuse* ; *chanteur*, *chanteuse* ; cependant *pécheur* fait *pécheresse* ; *acteur* fait *actrice* ; *protecteur*, *protectrice*.

Sixième Exception. Les adjectifs terminés en *x* se changent en *se* : *dangereux*, *dangereuse* ; *honteux*, *honteuse* ; *jaloux*, *jalouse*, etc. cependant *doux* fait *douce* ; *roux* fait *rousse*.

Comment se forme le pluriel.

Le pluriel dans les adjectifs se forme comme dans les noms en ajoutant *s* à la fin : *bon*, *bonne* ; au pluriel, *bons*, *bonnes*, etc.

Mais la plupart des adjectifs qui finissent par *al*, n'ont pas de pluriel masculin, comme *filial*, *fatal*, *frugal*, *paschal*, *pastoral*, *na-*

val, *trivial*, *vénal*, *littéral*, *conjugal*, *austral*, *boréal*, *final*.

Accord des Adjectifs avec les noms.

Règle. Tout adjectif doit être du même genre et du même nombre que le nom auquel il se rapporte.

Exemple.

Le bon père, la bonne mère : bon est du masculin et du singulier, parce que *père* est du masculin et du singulier : *bonne* est du féminin et du singulier, parce que *mère* est du féminin et du singulier.

De beaux jardins, de belles fleurs : beaux est du masculin et au pluriel, parce que *jardins* est du masculin et au pluriel, etc.

Quand un adjectif se rapporte à deux noms singuliers, on met cet adjectif au pluriel, parce que deux singuliers valent un pluriel.

Exemple.

Le roi et le berger sont égaux après la mort (et non pas *égal.*)

Si les deux noms sont de différens genres, on met l'adjectif au masculin.

Exemple.

Mon père et ma mère sont contens : (et non pas *contentes.*)

Quant à la place des adjectifs, il y en a qui se mettent devant le nom, comme *beau jardin*, *grand arbre*, etc. D'autres se mettent après le

nom , comme *habit rouge* , *table ronde* , etc.
L'usage est le seul guide à cet égard.

(*) *Régime des Adjectifs.*

Règle. Pour joindre un nom à un adjecti
précédent , on met *de* ou *à* entre cet adjecti
et le nom : alors on appelle ce nom le *régime*
de l'adjectif.

Exemple.

Digne de récompense ; content de son sort ,
utile au roi ; semblable à son père ; propre à la
guerre. Récompense est le régime de l'adjectif
digne , parce qu'il est joint à cet adjectif par le
mot *de*. *Roi* est le régime de l'adjectif *utile* ,
parce qu'il est joint à cet adjectif par le mot *à*.

Degrés de signification dans les Adjectifs.

On distingue dans les adjectifs trois degrés
de signification , le *positif* , le *comparatif* , et
le *superlatif*.

Le *positif* n'est autre chose que l'adjectif
même , comme *beau* , *belle* , *agréable*.

Le *comparatif* c'est l'adjectif avec comparaison : quand on compare deux choses , on
trouve que l'une est supérieure à l'autre , ou
inférieure à l'autre , ou égale à l'autre.

(*) La manière d'accorder un mot avec un autre mot ,
ou de faire régir un mot par un autre mot , s'appelle *syn-*
taxe : ainsi la syntaxe est la manière de joindre des mots
ensemble. Il y a deux sortes de syntaxes , la syntaxe *d'ac-*
cord , par laquelle on fait accorder deux mots en genre , en
nombre , e c. La syntaxe *de régime* , par laquelle un mot
régit *de* ou *à* devant un autre mot.

Pour marquer un comparatif de *supériorité*, on met *plus* devant l'adjectif, comme *la rose est* plus *belle que la violette.*

Pour marquer un comparatif *d'infériorité*, l'on met *moins* devant l'adjectif, comme *la violette est* moins *belle que la rose.*

Pour marquer un comparatif *d'égalité*, on met *aussi* devant l'adjectif, comme *la rose est* aussi *belle que la tulipe.*

Le mot *que* sert à joindre les deux choses que l'on compare.

Nous avons trois adjectifs qui expriment seuls une comparaison : *meilleur*, au lieu de *plus bon* qui ne se dit pas ; *moindre*, au lieu de *plus petit* ; *pire*, au lieu de *plus mauvais*: comme, *la vertu est* meilleure *que la science* : *le mensonge est* pire *que l'indocilité.*

L'adjectif est au *superlatif* quand il exprime la qualité dans un très-haut degré, ou dans le plus haut degré. Pour former le superlatif on met *très*, ou *le plus* devant l'adjectif, comme : *Paris est une* très-*belle ville*, et alors le superlatif s'appelle *absolu* ; ou *Paris est* la plus *belle des villes* ; et ce superlatif s'appelle *relatif*, parce qu'il marque un rapport aux autres villes.

Noms et adjectifs de nombre.

Les noms de nombre sont ceux dont on se sert pour compter.

Il y en a de deux sortes : les noms de nombre *cardinaux*, les noms de nombre *ordinaux*.

Les noms de nombre *cardinaux* sont *un*, *deux*, *trois*, *quatre*, *cinq*, *six*, *sept*, *huit*, neuf, dix, onze, douze, treize, quatorze, quinze, seize, dix-sept, dix-huit, dix-neuf, vingt, trente, quarante, cinquante, soixante, quatre-vingt, cent, mille, etc.

Les noms de nombre *ordinaux* se forment des cardinaux ; ces noms sont *premier, second, troisième, quatrième, cinquième, sixième, septième, huitième, neuvième, dixième*, etc.

Il y a encore des noms de nombre qui servent à marquer une certaine quantité, comme une *dixaine*, une *douzaine*, etc.

Il y en a encore d'autres qui marquent les parties d'un tout, comme la *moitié*, le *tiers*, le *quart*, etc.

Enfin, il y en a qui servent à multiplier ; comme le *double*, le *triple*, etc.

CHAPITRE IV.

QUATRIÈME ESPÈCE DE MOTS.

Du Pronom.

Le *Pronom* est un mot qui tient la place du nom.

Pronoms personnels.

Les pronoms *personnels* sont ceux qui désignent les personnes.

Il y a trois personnes : la première personne est celle qui parle : la seconde personne

est celle à qui l'on parle ; la troisième personne est celle de qui l'on parle.

Pronom de la première personne.

Ce pronom est des deux genres ; masculin, si c'est un homme qui parle ; féminin,
si c'est une femme.

Exemple.

SINGUL. Je *ou* moi.

Me *pour à moi*, moi. { *Le maître me donnera un livre,*
c'est-à-dire, donnera à moi.
Le maître me regarde, c'est-à-
dire, regarde moi.

PLURIEL. Nous.

Pronom de la seconde personne.

Il est des deux genres ; masculin, si c'est
à un homme qu'on parle ; féminin, si c'est
à une femme.

Exemple.

SING. Tu *ou* toi.

Te *pour à toi*, toi. { *Le maître te donnera un livre,*
c'est-à-dire, donnera à toi.
Le maître te regarde, c'est-à-
dire, regarde toi.

PLURIEL. Vous.

Remarque. Par politesse on dit *vous* au lieu
de *tu* au singulier, par exemple, en parlant
à un enfant : *vous êtes bien aimable.*

Pronom de la troisième personne.

Exemple.

SING. *m.* Il. *f.* Elle.

Lui *pour* à lui , à elle. { Je lui *dois le respect* , c'est-à-dire, *je dois à lui* , à elle.

masc. Le. *fémin.* La. { Je le connois, c'est-à-dire , *je con-nois* lui.
Je la *connois* , c'est-à-dire, *je con-nois* elle.

PLURIEL.

m. Ils *ou* eux. *f.* Elles.

Leur *pour* à eux , à elles. { Je leur *dois le respect* , c'est-à-dire , *je dois à eux* , à elles.

Les *pour* eux , elles. { Je les connois , c'est-à-dire , *je connois* eux , elles.

Il y a encore un pronom de la troisième personne *soi* , *se :* il est des deux genres et des deux nombres : on l'appelle *pronom réfléchi* , parce qu'il marque le rapport d'une personne à elle-même.

Exemple.

De soi.

Se pour à soi, soi. { Il se *donne des louanges* , c'est-à-dire, *il donne à soi.*
Il se *flatte* , c'est-à-dire , *il flatte* soi.

Il y a deux mots qui servent de pronoms , savoir :

1°. *En* qui signifie *de lui, d'elle, d'eux, d'el-les :* ainsi quand on dit , *j'en parle* , on peut entendre , *je parle de lui, d'elle* , etc. selon la personne ou la chose dont le nom a été ex-primé auparavant.

2°. *Y* qui signifie *à cette chose*, *à ces choses*, comme quand on dit : *je m'y applique*, c'est-à-dire, *je m'applique à cette chose, à ces choses*.

Règles des Pronoms.

Les pronoms, *il*, *elle* ; *ils*, *elles*, doivent toujours être du même genre et du même nombre que le nom dont ils tiennent la place : ainsi en parlant de la tête, dites : elle *me fait mal* : elle, parce que ce pronom se rapporte à *tête* qui est du féminin et au singulier ; et en parlant de plusieurs jardins, dites *ils sont beaux* : ils, parce que ce pronom se rapporte à *jardins* qui est du masculin et au pluriel.

Pronoms adjectifs.

Il y a des pronoms adjectifs qui marquent la possession d'une chose, comme *mon* livre, *votre* cheval, *son* chapeau, c'est-à-dire, le livre *qui est à moi*, le cheval *qui est à vous*, le chapeau *qui est à lui*.

SINGULIER.		PLURIEL.
masculin.	*féminin.*	*Des deux genres.*
Mon	Ma.	Mes.
Ton	Ta.	Tes.
Son	Sa.	Ses.
Notre	Notre.	Nos.
Votre	Votre.	Vos.
Leur	Leur.	Leurs.

Première Remarque. Ces pronoms sont toujours joints à un nom, *mon livre*, *ton chapeau*.

Deuxième Remarque. Mon, ton, son s'emploient au féminin devant une voyelle ou une *h* muette : on dit *mon ame* pour *ma ame* , *ton humeur* pour *ta humeur* , *son épée* pour *sa épée*.

Autre pronom.

SINGULIER.		PLURIEL.	
masculin.	*féminin.*	*masculin.*	*féminin.*
le Mien	la Mienne.	les Miens	les Miennes.
le Tien	la Tienne.	les Tiens	les Tiennes.
le Sien	la Sienne.	les Siens	les Siennes.
		Des deux genres.	
le Nôtre	la Nôtre.	les Nôtres.	
le Vôtre	la Vôtre.	les Vôtres.	
le Leur	la Leur.	les Leurs.	

3°. Il y a des pronoms adjectifs qui servent à montrer la chose dont on parle, comme quand je dis : *ce livre* , *cette table* , je montre **un livre** , une table.

SINGULIER.		PLURIEL.	
masculin.	*féminin.*	*masculin.*	*féminin.*
Ce , cet	Cette.	Ces	Ces.
Celui	Celle.	Ceux	Celles.
Celui-ci	Celle-ci	Ceux-ci	Celles-ci.
Celui-là	Celle-là.	Ceux-là	Celles-là.
Ceci.			
Cela.			

Remarque. On met *ce* devant les noms qui commencent par une consonne ou une *h* aspirée : *ce château* , *ce hameau* ; on met *cet* devant une voyelle ou une *h* muette : *cet oiseau* , *cet honneur.*

Celui-ci , *celle-ci* s'emploient pour montrer des choses qui sont proches : *celui-là* , *celle-là* , pour montrer des choses éloignées.

4°. Il y a des pronoms *relatifs* , c'est-à-dire, qui ont rapport à un nom qui est devant, comme quand je dis : *Dieu* qui *a créé le monde , qui* se rapporte à *Dieu : le livre* que *je lis , que* se rapporte à *livre :* le mot auquel *qui* ou *que* se rapporte s'appelle *antécédent.* Dans les deux exemples ci-dessus, *Dieu* est l'antécédent du pronom relatif *qui ; livre* est l'antécédent du pronom relatif *que.*

Pronoms relatifs.

Qui des deux genres et des deux nombres.
Dont ou de qui
Que.

Règle du Qui ou Que *relatif.*

Qui ou *que relatif* s'accorde avec son antécédent en *genre* , en *nombre* et en *personne :* ainsi dans cet exemple : *vous* qui *aimez l'étude , qui* est la seconde personne , parce que *vous* est de la seconde personne ; il est du masculin ou du féminin , au singulier ou au pluriel , selon le genre et le nombre des personnes à qui l'on parle.

5°. Il y a des pronoms *interrogatifs : qui ? quel ? quelle ?* comme quand on dit : qui *a fait cela ?* que *vous dirai-je ? Qui* ou *que* est interrogatif quand il n'a point d'antécédent , et qu'on peut le tourner par *quelle personne ?* ou *quelle chose ?* Dans les deux exemples ci-dessus on peut dire : *quelle personne a fait cela ? quelle chose vous dirai-je ?*

Pronoms indéfinis, c'est-à-dire , qui signifient d'une manière générale.

Il y a quatre sortes de pronoms *indéfinis.*

1°. Ceux qui ne se joignent jamais à un nom, comme *on*, *quelqu'un*, *quelqu'une*, *quiconque*, *chacun*, *chacune*, *autrui*, *personne*, *rien*. Quand je dis : on *frappe à la porte*, quelqu'un *vous appelle*, je parle d'une personne, mais je ne désigne pas quelle elle est.

2°. Ceux qui sont toujours joints à un nom, comme *quelque*, *chaque*, *quelconque*, *certain*, *certaine* ; exemple : quelque *nouvelle*, certain *philosophe*.

3°. Ceux qui sont tantôt joints à un nom et tantôt seuls, comme *nul*, *nulle* ; *aucun*, *aucune* ; *l'un*, *l'autre* ; *même* ; *tel*, *telle* ; *plusieurs* ; *tout*, *toute*.

4°. Ceux qui sont suivis de *que*, comme *qui que ce soit*, *quoi que ce soit*, *quel*, *quelle que* ; par exemple : quel *que soit votre mérite*, quelle *que soit votre naissance*. *Quoi que* ; par exemple : quoi que *vous fassiez*. *Quelque... que* ; par exemple : quelques *richesses* que *vous ayez*. *Tout....que*, *toute.... que* ; par exemple : tout *savant* que *vous êtes* ; *la campagne* toute *belle* qu'elle est.

CHAPITRE V.

CINQUIÈME ESPÈCE DE MOTS.

Le Verbe.

L E Verbe est un mot dont on se sert pour exprimer que l'on est, ou que l'on fait quelque chose : ainsi le mot *être*, *je suis* est un verbe, le mot *lire*, *je lis* est un verbe.

On connoît un verbe en François quand on peut y ajouter ces pronoms, *je*, *tu*, *il*, *nous*, *vous*, *ils* ; comme je *lis*, tu *lis*, il *lit*, nous *lisons*, vous *lisez*, ils *lisent*.

Les pronoms, *je*, *nous*, marquent la première personne, c'est-à-dire, celle qui parle ; *tu*, *vous* marquent la seconde personne, c'est-à-dire, celle à qui l'on parle ; *il*, *elle*, *ils*, *elles*, et tout nom placé devant un verbe marque la troisième personne, celle de qui l'on parle.

Il y a dans les verbes deux nombres, le *singulier*, quand on parle d'une personne, comme je *lis*, *l'enfant dort* : le *pluriel*, quand on parle de plusieurs personnes, comme *nous lisons*, *les enfans dorment*.

Il y a trois temps, le *présent* qui marque que la chose est ou se fait actuellement, comme *je dis* ; le *passé*, ou *prétérit*, qui marque que la chose a été faite, comme *j'ai lu* ; le *futur*, qui marque que la chose sera ou se fera, comme *je lirai*.

On distingue plusieurs sortes de prétérits ou passés, savoir un *imparfait*, *je lisois* ; trois *parfaits*, *je lus*, *j'ai lu*, *j'eus lu* ; et un *plusque-parfait*, *j'avois lu*.

On distingue aussi deux futurs, le futur *simple*, *je lirai*, et le futur *passé*, *j'aurai lu*.

Il y a cinq modes ou manières de signifier dans les verbes françois.

1°. L'*indicatif*, quand on affirme que la

chose est, ou qu'elle a été, ou qu'elle sera.

2°. Le *conditionnel*, quand on dit qu'une chose seroit, ou qu'elle auroit été moyennant une condition.

3°. L'*impératif* quand on commande de la faire.

4°. Le *subjonctif*, quand on souhaite, où qu'on doute qu'elle se fasse.

5°. L'*infinitif* qui exprime l'action ou l'état en général, sans nombres, ni personnes, comme *lire*, *être*.

Réciter de suite les différens modes d'un verbe avec tous leurs temps, leurs nombres et leurs personnes, cela s'appelle *conjuguer*.

Il y a en françois quatre conjugaisons différentes que l'on distingue par la terminaison de l'infinitif.

La première conjugaison a l'infinitif terminé en *er*, comme *aimer*.

La seconde a l'infinif terminé en *ir*, comme *finir*.

La troisième a l'infinitif terminé en *oir*, comme *recevoir*.

La quatrième a l'infinitif terminé en *re*, comme *rendre*.

Il y a deux verbes que l'on nomme *auxiliaires*, parce qu'ils aident à conjuguer tous les autres : nous commencerons par ces deux verbes.

VERBE AUXILIAIRE AVOIR.

INDICATIF.
PRÉSENT.
ng. J'ai.
Tu as. (1).
Il *ou* elle a.
ur. Nous avons.
Vous avez.
Ils *ou* elles ont.
IMPARFAIT.
avois.
u avois.
avoit.
ous avions.
ous aviez.
 ou elles avoient.
PRÉTÉRIT DÉFINI.
eus.
u eus.
eut.
us eûmes.
ous eûtes.
s eurent.
PRÉTÉRIT INDÉFINI. (2).
ai eu.
u as eu.
a eu.
ous avons eu.
ous avez eu.
ont eu.
PRÉTÉRIT ANTÉRIEUR.
us eu.

Tu eus eu.
Il eut eu.
Nous eûmes eu.
Vous eûtes eu.
Ils eurent eu.
PLUSQUEPARFAIT.
J'avois eu.
Tu avois eu.
Il avoit eu.
Nous avions eu.
Vous aviez eu.
Ils avoient eu.
FUTUR.
J'aurai.
Tu auras.
Il aura.
Nous aurons.
Vous aurez.
Ils auront.
FUTUR PASSÉ.
J'aurai eu.
Tu auras eu.
Il aura eu.
Nous aurons eu.
Vous aurez eu.
Ils auront eu.
CONDITIONNELS.
PRÉSENT.
J'aurois
Tu aurois.
Il auroit.

(1) Toutes les secondes personnes du singulier ont une
 la fin.

(2) On appelle prétérit *défini* celui qui marque un temps
ièrement passé ; exemple : *j'eus hier la fièvre.* On ap-
le prétérit *indéfini* celui qui marque un temps dont il
t rester encore quelque partie à s'écouler ; exemple :
 eu la fièvre aujourd'hui. On appelle prétérit *antérieur*
ui qui marque une chose faite avant une autre ; exem-
 : *dès que nous eûmes vu le roi, nous partîmes.*

Nous aurions.
Vous auriez.
Il auroient.

PASSÉ.

J'aurois eu.
Tu aurois eu.
Il auroit eu.
Nous aurions eu.
Vous auriez eu.
Ils auroient eu.

On dit aussi *j'eusse eu*, *tu eusses eu*, *il eût eu*, *nous eussions eu : vous eussiez eu*, *ils eussent eu*.

IMPÉRATIF.

Point de première personne.
Aye.
Qu'il ait.
Ayons.
Ayez.
Qu'ils ayent.

SUBJONCTIF.
PRÉSENT , ou FUTUR.

Que j'aye.
Que tu ayes.
Qu'il ait.
Que nous ayons.
Que vous ayez.
Qu'ils ayent.

IMPARFAIT.

Que j'eusse.
Que tu eusses.

Qu'il eût.
Que nous eussions.
Que vous eussiez.
Qu'ils eussént.

PRÉTÉRIT.

Que j'aie eu.
Que tu ayes eu.
Qu'il ait eu.
Que nous ayons eu.
Que vous ayez eu.
Qu'ils ayent eu.

PLUSQUEPARFAIT.

Que j'eusse eu.
Que tu eusses eu.
Qu'il eût eu.
Que nous eussions eu.
Que vous eussiez eu.
Qu'ils eussent eu.

INFINITIF.
PRÉSENT.

Avoir.

PRÉTÉRIT.

Avoir eu.

PARTICIPES.
PRÉSENT.

Ayant.

PASSÉ.

Ayant eu.

FUTUR.

Devant avoir.

VERBE AUXILIAIRE ÊTRE.

INDICATIF.
PRÉSENT.

Je suis.
Tu es.
Il *ou* elle est.
Nous sommes.
Vous êtes.
Ils *ou* elles sont.

IMPARFAIT.

J'étois.
Tu étois.
Il *ou* elle étoit.
Nous étions.
Vous étiez.
Ils *ou* elles étoient.

PRÉTÉRIT DÉFINI.

Je fus.
Tu fus.
Il fut.
Nous fûmes.
Vous fûtes.
Ils furent.

PRÉTÉRIT INDÉFINI.

J'ai été.
Tu as été.
Il a été.
Nous avons été.
Vous avez été.
Ils ont été.

PRÉTÉRIT ANTÉRIEUR.

J'eus été.
Tu eus été.
Il eût été.
Nous eûmes été.
Vous eûtes été.
Ils eurent été.

PLUSQUEPARFAIT.

J'avais été.
Tu avois été.
Il avoit été.
Nous avions été.
Vous aviez été.
Ils avoient été.

FUTUR.

Je serai.
Tu seras.
Il sera.
Nous serons.
Vous serez.
Ils seront.

FUTUR PASSÉ.

J'aurai été.
Tu auras été.
Il aura été.
Nous aurons été.
Vous aurez été.
Ils auront été.

CONDITIONNELS.

PRÉSENT.

Je serois.

Tu serois.
Il seroit.
Nous serions.
Vous seriez.
Ils seroient.

PASSÉ.

J'aurois été.
Tu aurois été.
Il auroit été.
Nous aurions été.
Vous auriez été.
Ils auroient été.

On dit aussi : *j'eusse été,
tu eusses été, il eût été,
nous eussions été, vous eussiez été, ils eussent été.*

IMPÉRATIF.

Point de première personne.
Sois.
Qu'il soit.
Soyons.
Soyez.
Qu'ils soient.

SUBJONCTIF.

PRÉSENT.

Que je sois.
Que tu sois.
Qu'il soit.
Que nous soyons.
Que vous soyez.
Qu'il soient.

IMPARFAIT.

Que je fusse.
Que tu fusses.
Qu'il fût.
Que nous fussions.
Que vous fussiez.
Qu'ils fussent.

PRÉTÉRIT.

Que j'aie été.
Que tu ayes été.
Qu'il ait été.
Que nous ayons été.
Que vous ayez été.
Qu'ils ayent été.

PLUSQUEPARFAIT.	PRÉTÉRIT.
Que j'eusse été	Avoir été.
Que tu eusses été.	
Qu'il eût été.	**PARTICIPES.**
Que nous eussions été.	PRÉSENT.
Que vous eussiez été.	Étant.
Qu'ils eussent été.	PASSÉ.
INFINITIF.	Été , ayant été.
PRÉSENT.	FUTUR.
Être.	Devant être.

PREMIÈRE CONJUGAISON.

En er.

INDICATIF.	Ils aimèrent.
PRÉSENT.	PRÉTÉRIT INDÉFINI.
J'aime.	J'ai aimé.
Tu aimes.	Tu as aimé.
Il *ou* elle aime.	Il a aimé.
Nous aimons.	Nous avons aimé.
Vous aimez.	Vous avez aimé.
Ils *ou* elles aiment.	Ils ont aimé.
IMPARFAIT.	PRÉTÉRIT ANTÉRIEUR.
J'aimois.	J'eus aimé.
Tu aimois.	Tu eus aimé.
Il aimoit.	Il eut aimé.
Nous aimions.	Nous eûmes aimé.
Vous aimiez.	Vous eûtes aimé.
Ils *ou* elles aimoient.	Ils eurent aimé. (1)
PRÉTÉRIT DÉFINI.	PLUSQUEPARFAIT.
J'aimai.	J'avois aimé.
Tu aimas.	Tu avois aimé.
Il aima.	Il avoit aimé.
Nous aimâmes.	Nous avions aimé.
Vous aimâtes.	Vous aviez aimé.

---

(1) Il y a un quatrième Prétérit , dont on se sert rarement : le voici.

J'ai eu aimé.	Nous avons eu aimé.
Tu as eu aimé.	Vous avez eu aimé.
Il a eu aimé.	Ils ont eu aimé.

Ils avoient aimé.

FUTUR.

J'aimerai.
Tu aimeras.
Il aimera.
Nous aimerons.
Vous aimerez.
Ils aimeront.

FUTUR PASSÉ.

J'aurai aimé.
Tu auras aimé.
Il aura aimé.
Nous aurons aimé.
Vous aurez aimé.
Ils auront aimé.

CONDITIONNELS.

PRÉSENT.

J'aimerois.
Tu aimerois.
Il aimeroit.
Nous aimerions.
Vous aimeriez.
Ils aimeroient.

PASSÉ.

J'aurois aimé.
Tu aurois aimé.
Il auroit aimé.
Nous aurions aimé.
Vous auriez aimé.
Ils auroient aimé.

On dit aussi : *J'eusse aimé,
tu eusses aimé, il eût aimé,
nous eussions aimé, vous eussiez aimé, ils eussent aimé.*

IMPÉRATIF.

Point de première personne.
Aime.
Qu'il aime.
Aimons.
Aimez.
Qu'ils aiment.

SUBJONCTIF.

PRÉSENT, ou FUTUR.

Que j'aime.
Que tu aimes.
Qu'il aime.
Que nous aimions
Que vous aimiez.
Qu'ils aiment.

IMPARFAIT.

Que j'aimasse.
Que tu aimasses.
Qu'il aimât.
Que nous aimassions.
Que vous aimassiez.
Qu'ils aimassent.

PRÉTÉRIT.

Que j'aye aimé.
Que tu ayes aimé.
Qu'il ait aimé.
Que nous ayons aimé.
Que vous ayez aimé.
Qu'ils ayent aimé.

PLUSQUEPARFAIT.

Que j'eusse aimé.
Que tu eusses aimé.
Qu'il eût aimé.
Que nous eussions aimé.
Que vous eussiez aimé.
Qu'ils eussent aimé.

INFINITIF.

PRÉSENT.

Aimer.

PASSÉ.

Avoir aimé.

PARTICIPES.

PRÉSENT.

Aimant.

PASSÉ.

Aimé, aimée : ayant aimé.

FUTUR.

Devant aimer.

Ainsi se conjuguent les verbes *chanter, dan-
ser, manger, appeler,* et tous ceux dont l'infinitif se termine en *er.*

SECONDE CONJUGAISON.

En ir.

INDICATIF.

PRÉSENT.

Je finis.
Tu finis.
Il finit.
Nous finissons.
Vous finissez.
Ils finissent.

IMPARFAIT.

Je finissois.
Tu finissois.
Il finissoit.
Nous finissions.
Vous finissiez.
Ils finissoient.

PRETERIT DEFINI.

Je finis.
Tu finis.
Il finit.
Nous finîmes.
Vous finîtes.
Ils finirent.

PRETERIT INDEFINI.

J'ai fini.
Tu as fini.
Il a fini.
Nous avons fini.
Vous avez fini.
Ils ont fini.

PRETERIT ANTERIEUR.

J'eus fini.
Tu eus fini.
Il eut fini.
Nous eûmes fini.
Vous eûtes fini.
Ils eurent fini. (1)

PLUSQUEPARFAIT.

J'avois fini.
Tu avois fini.
Il avoit fini.
Nous avions fini.
Vous aviez fini.
Ils avoient fini.

FUTUR.

Je finirai.
Tu finiras.
Il finira.
Nous finirons.
Vous finirez.
Ils finiront.

FUTUR PASSÉ.

J'aurai fini.
Tu auras fini.
Il aura fini.
Nous aurons fini.
Vous aurez fini.
Ils auront fini.

CONDITIONNELS.

PRESENT.

Je finirois.
Tu finirois.
Il finiroit.

---

(1) Il y a un quatrième Prétérit, mais on s'en sert rarement : le voici.

J'ai eu fini.   Nous avons eu fini.
Tu as eu fini.   Vous avez eu fini.
Il a eu fini.   Ils ont eu fini.

Nous finirions.
Vous finiriez.
Ils finiroient.
PASSÉ.
J'aurois fini.
Tu aurois fini.
Il auroit fini.
Nous aurions fini.
Vous auriez fini.
Ils auroient fini.

On dit aussi : *J'eusse fini, tu eusses fini, il eût fini, nous eussions fini, vous eussiez fini, ils eussent fini.*
IMPÉRATIF.
Point de prémière personne.
Finis.
Qu'il finisse.
Finissons.
Finissez.
Qu'ils finissent.
SUBJONCTIF.
PRESENT ou FUTUR.
Que je finisse.
Que tu finisses.
Qu'il finisse.
Que nous finissions.
Que vous finissiez.
Qu'ils finissent.
IMPARFAIT.
Que je finisse.

Que tu finisses.
Qu'il finît.
Que nous finissions.
Que vous finissiez.
Qu'ils finissent.
PRETERIT.
Que j'aye fini.
Que tu ayes fini.
Qu'il ait fini.
Que nous ayons fini.
Que vous ayez fini.
Qu'ils ayent fini.
PLUSQUEPARFAIT.
Que j'eusse fini.
Que tu eusses fini.
Qu'il eût fini.
Que nous eussions fini.
Que vous eussiez fini.
Qu'ils eussent fini.
INFINITIF.
PRESENT.
Finir.
PRETERIT.
Avoir fini.
PARTICIPES.
PRESENT.
Finissant.
PASSÉ.
Fini, finie, ayant fini.
FUTUR.
Devant finir.

Ainsi se conjuguent, *avertir, guérir, ensevelir, bénir ;* mais ce dernier a deux participes ; *bénit, bénite,* pour les choses consacrées par les prières des Prêtres : *béni, bénie,* partout ailleurs. *Haïr ;* mais ce verbe fait au présent de l'indicatif je *hais,* tu *hais,* il *hait,* on prononce, je *hès,* tu *hès,* il *hèt.*

TROISIÈME CONJUGAISON.

En oir.

INDICATIF.
PRESENT.
Je reçois.
Tu reçois.
Il reçoit.
Nous recevons.
Vous recevez.
Ils reçoivent.

IMPARFAIT.
Je recevois.
Tu recevois.
Il recevoit.
Nous recevions.
Vous receviez.
Ils recevoient.

PRETERIT DEFINI.
Je reçus.
Tu reçus.
Il reçut.
Nous reçûmes.
Vous reçûtes,
Ils reçurent.

PRETERIT INDEFINI.
J'ai reçu.
Tu as reçu.
Il a reçu.
Nous avons reçu.
Vous avez reçu.
Ils ont reçu.

PRETERIT ANTERIEUR.
J'eus reçu.

Tu eus reçu.
Il eut reçu.
Nous eûmes reçu.
Vous eûtes reçu.
Ils eurent reçu. (1)

PLUSQUEPARFAIT.
J'avois reçu.
Tu avois reçu.
Il avoit reçu.
Nous avions reçu.
Vous aviez reçu.
Ils avoient reçu.

FUTUR.
Je recevrai.
Tu recevras.
Il recevra.
Nous recevrons.
Vous recevrez.
Ils recevront.

FUTUR PASSÉ.
J'aurai reçu.
Tu auras reçu.
Il aura reçu.
Nous aurons reçu.
Vous aurez reçu.
Ils auront reçu.

CONDITIONNELS.
PRESENT.
Je recevrois.
Tu recevrois.
Il recevroit.

---

(1) Il y a un quatrième Prétérit , mais on s'en sert rarement : le voici.

J'ai eu reçu.
Tu as eu reçu.
Il a eu reçu.

Nous avons eu reçu.
Vous avez eu reçu.
Ils ont eu reçu.

Nous recevrions.
Vous receviez.
Ils recevroient.
    PASSÉ.
J'aurois reçu.
Tu aurois reçu.
Il auroit reçu.
Nous aurions reçu.
Vous auriez reçu.
Ils auroient reçu.
  On dit aussi: *J'eusse reçu*, *tu eusses reçu*, *il eût reçu*, *nous eussions reçu*, *vous eussiez reçu*, *ils eussent reçu*.
    IMPÉRATIF.
Point de première personne.
Reçois.
Qu'il reçoive.
Recevons.
Recevez.
Qu'ils reçoivent.
    SUBJONCTIF.
   PRESENT ou FUTUR.
Que je reçoive.
Que tu reçoives.
Qu'il reçoive.
Que nous recevions.
Que vous receviez.
Qu'ils reçoivent.
    IMPARFAIT.
Que je reçusse.

Que tu reçusses.
Qu'il reçût.
Que nous reçussions.
Que vous reçussiez.
Qu'ils reçussent.
    PRETERIT.
Que j'aye reçu.
Que tu ayes reçu.
Qu'il ait reçu.
Que nous ayons reçu.
Que vous ayez reçu.
Qu'ils ayent reçu.
   PLUSQUEPARFAIT.
Que j'eusse reçu.
Que tu eusses reçu.
Qu'il eût reçu.
Que nous eussions reçu.
Que vous eussiez reçu.
Qu'ils eussent reçu.
    INFINITIF.
   PRESENT.
Recevoir.
   PRETERIT.
Avoir reçu.
    PARTICIPES.
   PRESENT.
Recevant.
   PASSÉ.
Reçu, reçue, ayant reçu.
   FUTUR.
Devoir recevoir.

Ainsi se conjuguent *apercevoir*, *concevoir*, *devoir*, *percevoir*.

QUATRIÈME CONJUGAISON.

En re.

  INDICATIF.
  PRESENT.
Je rends.
Tu rends.
Il rend.

Nous rendons.
Vous rendez.
Ils rendent.
   IMPARFAIT.
Je rendois.

Tu rendois.

Il rendoit.

Nous rendions.

Vous rendiez.

Ils rendoient.

  PRÉTÉRIT.

Je rendis.

Tu rendis.

Il rendit.

Nous rendîmes.

Vous rendîtes.

Ils rendirent.

 PRÉTÉRIT INDÉFINI.

J'ai rendu.

Tu as rendu.

Il a rendu.

Nous avons rendu.

Vous avez rendu.

Ils ont rendu.

 PRÉTÉRIT ANTÉRIEUR.

J'eus rendu.

Tu eus rendu.

Il eut rendu.

Nous eûmes rendu.

Vous eûtes rendu.

Ils eurent rendu. (1)

  PLUSQUEPARFAIT.

J'avois rendu.

Tu avois rendu.

Il avoit rendu.

Nous avions rendu.

Vous aviez rendu.

Ils avoient rendu.

  FUTUR.

Je rendrai.

Tu rendras.

Il rendra.

Nous rendrons.

Vous rendrez.

Ils rendront.

  FUTUR PASSÉ.

J'aurai rendu.

Tu auras rendu.

Il aura rendu.

Nous aurons rendu.

Vous aurez rendu.

Ils auront rendu.

CONDITIONNELS.

  PRÉSENT.

Je rendrois.

Tu rendrois.

Il rendroit.

Nous rendrions.

Vous rendriez.

Ils rendroient.

  PASSÉ.

J'aurois rendu.

Tu aurois rendu.

Il auroit rendu.

Nous aurions rendu.

Vous auriez rendu.

Ils auroient rendu.

 On dit aussi : *J'eusse rendu, tu eusses rendu, il eût rendu, nous eussions rendu, vous eussiez rendu, il eussent rendu.*

  IMPÉRATIF.

Point de première personne.

Rends.

Qu'il rende.

Rendons.

Rendez.

Qu'ils rendent.

  SUBJONCTIF.

 PRÉSENT ou FUTUR.

Que je rende.

Que tu rendes.

---

(1) Il y a un quatrième Prétérit, mais on s'en sert rarement : le voici.

J'ai eu rendu.

Tu as eu rendu.

Il a eu rendu.

Nous avons eu rendu.

Vous avez eu rendu.

Ils ont eu rendu.

Qu'il rende.
Que nous rendions
Que vous rendiez.
Qu'ils rendent.

IMPARFAIT.

Que je rendisse.
Que tu rendisses.
Qu'il rendît.
Que nous rendissions.
Que vous rendissiez.
Qu'ils rendissent.

PRETERIT.

Que j'aye rendu.
Que tu ayes rendu.
Qu'il ait rendu.
Que nous ayons rendu.
Que vous ayez rendu.
Qu'il ayent rendu.

PLSQUEPARFAIT.
Que j'eusse rendu.
Que tu eusses rendu.
Qu'il eût rendu.
Que nous eussions rendu.
Que vous eussiez rendu.
Qu'ils eussent rendu.

INFINITIF.
PRESENT.
Rendre.

PRETERIT.
Avoir rendu.

PARTICIPES.
PRESENT.
Rendant.

PASSÉ.
Rendu , rendue , ayant rendu.

FUTUR.
Devant rendre.

Ainsi se conjuguent *attendre , entendre , répondre , vendre.*

Des Temps primitifs.

On appelle *temps primitifs* d'un verbe, ceux qui servent à former les autres temps dans les quatre conjugaisons.

TABLEAU DES TEMPS PRIMITIFS.

	Présent de l'Infinitif.	Participe présent.	Participe passé.	Présent de l'Indicatif.	Prétérit de l'Indicatif.
PREMIERE CONJUGAISON.	Aimer.	Aimant.	Aimé.	J'aime.	J'aimai.
SECONDE CONJUGAISON.	Finir. Sentir. Ouvrir. Tenir.	Finissant. Sentant. Ouvrant. Tenant.	Fini. Senti. Ouvert. Tenu.	Je finis. Je sens. J'ouvre. Je tiens.	Je finis. Je sentis. J'ouvris. Je tins.
TROISIEME CONJUGAISON.	Recevoir.	Recevant.	Reçu.	Je reçois.	Je reçus.
QUATRIÈME CONJUGAISON.	Rendre. Plaire. Paroître. Réduire. Plaindre.	Rendant. Plaisant. Paroissant. Réduisant. Plaignant.	Rendu. Plu. Paru. Réduit. Plaint.	Je rends. Je plais. Je parois. Je réduis. Je plains.	Je rendis. Je plus. Je parus. Je réduisis. Je plaignis.

I.

Du présent de l'indicatif se forme l'impératif, en ôtant seulement le pronom *je* ; exemples : *j'aime*, impératif *aime* ; *je finis*, impératif *finis* ; *je reçois*, impératif *reçois* ; *je rends*, impératif *rends*.

Il y a quatre verbes exceptés : *je suis*, impératif *sois* ; *j'ai*, impératif *aye* ; *je vais*, impératif *va* ; *je sais*, impératif *sache*.

I I.

Du prétérit de l'indicatif se forme l'imparfait du subjonctif, en changeant *ai* en *asse* pour la première conjugaison : *j'aime*, imp. du subj. *que j'aimasse* ; et en ajoutant seulement *se* pour les trois autres conjugaisons : *je finis*, *je finisse* ; *je reçus*, *je reçusse* ; *je rendis*, *je rendisse*.

I I I.

Du présent de l'infinitif on forme :

1°. Le futur de l'indicatif, en changeant *r* ou *re* en *rai*, exemples : *aimer*, *j'aimerai* ; *finir*, *je finirai* ; *rendre*, *je rendrai*.

Exceptions.

Première conjugaison. *Aller*, futur, *j'irai* ; *envoyer*, *j'enverrai*.

Seconde conjugaison. *Tenir*, futur, *je tiendrai* ; *venir*, *je viendrai* ; *courir*, *je courrai* ; *cueillir*, *je cueillirai* ; *mourir*, *je mourrai* ; *acquérir*, *j'acquerrai*.

Troisième conjugaison. *Recevoir*, futur, *je recevrai* ; *avoir*, *j'aurai* ; *échoir*, *j'écherrai* ; *pouvoir*, *je pourrai* ; *savoir*, *je saurai* ; *s'asseoir*, *je m'asseyerai ; voir, je verrai ; vouloir, je voudrai ; valoir, je vaudrai ; falloir, il faudra ; pleuvoir, il pleuvra.*

Quatrième conjugaison. *Faire*, futur, *je ferai ; être, je serai.*

2°. Du futur de l'indicatif on forme le conditionnel présent, en changeant *rai* en *rois* sans exception : *j'aimerai*, conditionnel *j'aimerois ; je finirai, je finirois ; je recevrai, je recevrois ; je rendrai, je rendrois.*

I V.

Du participe présent on forme :

1°. L'imparfait de l'indicatif, en changeant *sant* en *ois* : *aimant*, imparfait, *j'aimois ; finissant, je finissois ; recevant, je recevois ; rendant, je rendois.*

Exceptions.

Il n'y a que deux exceptions : *ayant, j'avois ; sachant, je savois.*

2°. Du même participe on forme la première personne plurielle du présent de l'indicatif, en changeant *ant* en *ons* : *aimant, nous aimons ; finissant, nous finissons ; recevant, nous recevons ; rendant, nous rendons.*

Excepté : *étant, nous sommes ; ayant, nous avons ; sachant, nous savons.*

On forme aussi la seconde personne plurielle en *ez* : *vous aimez, vous finissez ; vous recevez, vous rendez.*

Excepté : *faisant, vous faites ; disant, vous dites.*

Et la troisième personne en *ent : ils aiment ; ils finissent*, etc.

3°. Du même participe présent on forme le présent du subjonctif, en changeant *ant* en *e* muet : *aimant*, *que j'aime*; *finissant*, *que je finisse*; *rendant*, *que je rende.*

Exceptions.

Première conjugaison. *Allant*, *que j'aille.*

Seconde conjugaison. *Tenant*, *que je tienne*; *venant*, *que je vienne*; *acquérant*, *que j'acquière.*

Troisième conjugaison. *Recevant*, *que je reçoive*; *pouvant*, *que je puisse*; *valant*, *que je vaille*; *voulant*, *que je veuille* (1); *mouvant*, *que je meuve*; *fallant*, *qu'il faille.*

Quatrième conjugaison. *Buvant*, *que je boive*; *faisant*, *que je fasse*; *étant*, *que je sois.*

V.

Du participe passé on forme tous les temps composés (de deux mots) en y joignant les temps des verbes auxiliaires *avoir*, *étre*; comme *j'ai aimé*, *j'ai fini*, *j'ai reçu*, *j'ai rendu*; *j'avois aimé*, *j'avois fini*, *j'avois reçu*, *j'avois rendu*; *j'aurai aimé*, *j'aurai fini*, *j'aurai reçu*, *j'aurai rendu*; *que j'eusse aimé*, *que j'eusse fini*, *que j'eusse reçu*, *que j'eusse rendu*, etc.

Verbes irréguliers.

On appelle *irréguliers*, les verbes qui ne suivent pas toujours la règle générale des conjugaisons.

Plusieurs de ces verbes ne sont pas usités à certains temps et à certaines personnes.

---

(1) *Que tu veuilles*, *qu'il veuille*; *que nous voulions*, *que vous vouliez*, *qu'ils veuillent.*

TEMPS PRIMITIFS

Des Verbes irréguliers.

Présent de l'infinitif	Participe présent	Participe passé.	Présent de l'indicatif.	Prétérit de l'indicatif.
PREMIÈRE CONJUGAISON.				
Aller.	Allant.	Allé.	Je vais.	J'allai.
Puer.	Puant.	Pué.	Je pus.	Je puai.
SECONDE CONJUGAISON.				
Courir.	Courant.	Couru.	Je cours.	Je courus.
Cueillir.	Cueillant.	Cueilli.	Je cueille.	Je cueillis.
Fuir.	Fuyant.	Fui.	Je fuis.	Je fuis.
Mourir.	Mourant.	Mort.	Je meurs.	Je mourus.
Faillir.		Failli.		Je faillis.
Acquérir.	Acquérant.	Acquis.	J'acquiers.	J'acquis.
Saillir.	Saillant.	Sailli.	Il saille.	Il saillit.
Tressaillir.	Tressaillant.	Tressailli.	Je tressaille.	Je tressaillis.
Vêtir.	Vêtant.	Vêtu.	Je vêts.	Je vêtis.
Revêtir.	Revêtant.	Revêtu.	Je revêts.	Je revêtis.
TROISIÈME CONJUGAISON.				
Choir.				
Déchoir.		Déchu.	Je déchois.	Je déchus.
Echoir.	Echéant.	Echu.	Il échet.	J'échus.
Falloir.		Fallu.	Il faut.	Il fallut.
Mouvoir.	Mouvant.	Mû.	Je meus.	Je mus.
Pleuvoir.	Pleuvant.	Plu.	Il pleut.	Il plut.
Pouvoir.	Pouvant.	Pu.	Je puis.	Je pus.
Savoir.	Sachant.	Su.	Je sais.	Je sus.

Suite de la troisième Conjugaison.

Présent de l'Infinitif.	Participe présent.	Participe passé.	Présent de l'Indicatif.	Prétérit de l'Indicatif.
S'asseoir.	S'asseyant.	Assis.	Je m'assieds	Je m'assis.
Surseoir.		Sursis.	Je sursois.	Je sursis.
Valoir.	Valant.	Valu.	Je vaux.	Je valus.
Voir.	Voyant.	Vu.	Je vois.	Je vis.
Pourvoir.	Pourvoyant	Pourvu.	Je pourvois.	Je pourvus.
Vouloir.	Voulant.	Voulu.	Je veux.	Je voulus.

QUATRIÈME CONJUGAISON.

Battre.	Battant.	Battu.	Je bats.	Je battis.
Boire.	Buvant.	Bu.	Je bois.	Je bus.
Braire.			Il brait.	
Bruire.	Bruyant.			
Circoncire.		Circoncis	Je circoncis.	Je circoncis.
Clore, clorre		Clos.	Je clos.	
Conclure.	Concluant.	Conclu.	Je conclus.	Je conclus.
Confire.		Confit.	Je confis.	Je confis.
Coudre.	Cousant.	Cousu.	Je couds.	Je cousis.
Croire.	Croyant.	Cru.	Je crois.	Je crus.
Dire.	Disant.	Dit.	Je dis.	Je dis.
Maudire.	Maudissant.	Maudit.	Je maudis.	Je maudis.
Ecrire.	Ecrivant.	Ecrit.	J'écris.	J'écrivis.
Exclure.	Excluant.	Exclus.	J'exclus.	J'exclus.
Faire.	Faisant.	Fait.	Je fais.	Je fis.
Prendre.	Prenant.	Pris.	Je prends.	Je pris.
Lire.	Lisant.	Lu.	Je lis.	Je lus.
Luire.	Luisant.	Lui.	Je luis.	
Mettre.	Mettant.	Mis.	Je mets.	Je mis.
Moudre.	Moulant.	Moulu.	Je mouds.	Je moulus.
Naître.	Naissant.	Né.	Je nais.	Je naquis.
Nuire.	Nuisant.	Nui.	Je nuis.	Je nuisis.
Rire.	Riant.	Ri.	Je ris.	Je ris.
Rompre.	Rompant.	Rompu.	Je romps.	Je rompis.

Présent de l'Infinitif.	Participe présent.	Participe passé.	Présent de l'Indicatif.	Prétérit de l'Indicatif.
Suite de la quatrième Conjugaison.				
Absoudre.	Absolvant.	Absous.	J'absous.	
Résoudre.	Résolvant.	Résous, résolu.	Je résous.	Je résolus.
Suffire.	Suffisant.	Suffi.	Je suffis.	Je suffis.
Suivre.	Suivant.	Suivi.	Je suis.	Je suivis.
Traire.	Trayant.	Trait.	Je trais.	
Vaincre.	Vainquant.	Vaincu.	Je vaincs.	Je vainquis.
Vivre.	Vivant.	Vécu.	Je vis.	Je vécus.

Nous ne marquons pas les verbes *composés*, parce qu'ils suivent la conjugaison de leurs *simples* : par exemple : les composés *promettre*, *admettre*, &c. se conjuguent comme le verbe simple *mettre*.

Au moyen de cette table, et des règles que nous avons données sur la formation des temps, il n'y a point de verbe qu'on ne puisse conjuguer.

Accord des Verbes avec leur nominatif ou sujet.

On appelle *sujet* ou *nominatif* d'un verbe ce qui est ou ce qui fait la chose qu'exprime le verbe. On trouve le nominatif en mettant *qui est-ce qui?* devant le verbe. La réponse à cette question indique le *nominatif*, quand je dis : *l'enfant est sage. Qui est-ce qui est sage ?* Réponse : *l'enfant* ; voilà le nominatif ou sujet du verbe *est. Le lièvre court. Qui est-ce qui court ?* Réponse : *le lièvre* ; voilà le nominatif du verbe *court.*

Règle.

Tout verbe doit être du même nombre et de la même personne que son nominatif ou sujet.

Exemple.

Je parle : parle est du nombre singulier et de la première personne, parce que *je*, son nominatif, est du singulier et de la première personne. *Vous parlez tous deux : parlez* est au nombre pluriel et de la seconde personne, parce que *vous* est au nombre pluriel et de la seconde personne.

Première remarque. Quand un verbe a deux sujets singuliers, on met ce verbe au pluriel.

Exemple.

Mon frère et ma sœur lisent.

Deuxième remarque. Quand les deux sujets sont de différentes personnes, on met le verbe à la plus noble personne: la première est plus noble que la seconde, la seconde est plus noble que la troisième.

Exemples.

Vous et moi nous lisons.

Vous et votre frère vous lisez.

(La politesse françoise veut qu'on nomme d'abord la personne à qui l'on parle, et qu'on se nomme le dernier.)

Régime des verbes actifs.

On appelle verbe *actif* celui après lequel on peut mettre, *quelqu'un, quelque chose. Aimer* est un verbe actif, parce qu'on peut dire : *ai-*

mer quelqu'un. Par exemple , *j'aime Dieu* ; ce mot qui suit le verbe actif s'appelle *le régime* de ce verbe. On connoît le régime en faisant la question *qu'est-ce que* ? Exemple. *Qu'est-ce que j'aime* ? Réponse. *Dieu*. *Dieu* est le régime du verbe *j'aime*.

Règle.

Le régime d'un verbe actif se place ordinairement après le verbe (quand ce n'est pas un un pronom.)

Exemples.

J'aime Dieu.

Le chat mange la souris : la *souris* est le régime du verbe *mange*.

Mais quand le régime est un pronom , il se met devant le verbe.

Exemple.

Je vous *aime* , pour *j'aime* vous *; il* m'*aime* pour *il aime* moi.

Remarque. Outre ce premier régime, qu'on appelle *direct* , certains verbes actifs peuvent avoir un second régime , qu'on appelle *indirect :* ce second régime se marque par les mots *à*, *de :* comme , *donner une image* à *l'enfant ; enseigner la grammaire* à *l'enfant ; écrire une lettre* à *son ami :* à *l'enfant*, est le régime indirect des verbes *donner , enseigner ; à son ami* , est le régime indirect du verbe *écrire. Accuser quelqu'un* de *mensonge ; avertir quelqu'un* d'*une faute ; délivrer quelqu'un* du *danger :* de *mensonge* , est le régime indirect du verbe *accuser.*

Tout verbe actif a un passif : ce passif se forme en prenant le régime *direct* de l'actif, pour en faire le nominatif du verbe passif ; et en ajoutant après le verbe le mot *par* ou *de*. Ainsi pour tourner par le passif cette phrase : *le chat mange la souris*, dites : *la souris est mangée* par *le chat* ; *j'aime mon père tendrement*, dites : *mon père est tendrement aimé* de *moi*.

CONJUGAISON DES VERBES PASSIFS.

IL n'y a qu'une seule conjugaison pour tous les verbes passifs ; elle se fait avec l'auxiliaire *être* dans tous ses temps, et le participe passé du verbe qu'on veut conjuguer.

INDICATIF.
PRESENT.

Je suis aimé, *ou* aimée.
Tu es aimé, *ou* aimée.
Il est aimé, *ou* elle est aimée.
Nous sommes aimés, *ou* aimées.
Vous êtes aimés, *ou* aimées.
Ils sont aimés, *ou* elles sont aimées.

IMPARFAIT.

J'étois aimé, *ou* aimée.
Tu étois aimé, *ou* aimée.
Il étoit aimé, *ou* elle étoit aimée.
Nous étions aimés, *ou* aimées.
Vous étiez aimés, *ou* aimées.

Ils étoient aimés, *ou* elles étoient aimées.

PRETERIT DEFINI.

Je fus aimé, *ou* aimée.
Tu fus aimé, *ou* aimée.
Il fut aimé, *ou* elle fut aimée.
Nous fûmes aimés, *ou* aimées.
Vous fûtes aimés, *ou* aimées.
Ils furent aimés *ou* elles furent aimées.

PRETERIT INDEFINI.

J'ai été aimé, *ou* aimée.
Tu as été aimé, *ou* aimée.
Il a été aimé, *ou* elle a été aimée.
Nous avons été aimés, *ou* aimées.

Vous avez été aimés, *ou* aimées.

Ils ont été aimés, *ou* elles ont été aimées.

PRETERIT ANTERIEUR.

J'eus été aimé, *ou* aimée.

Tu eus été aimé, *ou* aimée.

Il eut été aimé, *ou* elle eut été aimée.

Nous eûmes été aimés, *ou* aimées.

Vous eûtes été aimés, *ou* aimées.

Ils eurent été aimés, *ou* elles eurent été aimées.

PLUSQUEPARFAIT.

J'avois été aimé, *ou* aimée.

Tu avois été aimée, *ou* aimée.

Il avoit été aimé, *ou* elle avoit été aimée.

Nous avions été aimés, *ou* aimées.

Vous aviez été aimés, *ou* aimées.

Ils avoient été aimés, *ou* elles avoient été aimées.

FUTUR.

Je serai aimé, *ou* aimée.

Tu seras aimé, *ou* aimée.

Il sera aimé, *ou* elle sera aimée.

Nous serons aimés, *ou* aimées.

Vous serez aimés, *ou* aimées.

Il seront aimés, *ou* elles seront aimées.

FUTUR PASSÉ.

J'aurai été aimé, *ou* aimée.

Tu auras été aimé, *ou* aimée.

Il aura été aimé, *ou* elle aura été aimée.

Nous aurons été aimés, *ou* aimées.

Vous aurez été aimés, *ou* aimées.

Ils auront été aimés, *ou* elles auront été aimées.

CONDITIONNELS.
PRESENT.

Je serois aimé, *ou* aimée.

Tu serois aimé, *ou* aimée.

Il seroit aimé, *ou* elle seroit aimée.

Nous serions aimés, *ou* aimées.

Vous seriez aimés, *ou* aimées.

Ils seroient aimés, *ou* elles seroient aimées.

PASSÉ.

J'aurois été aimé, *ou* aimée.

Tu aurois été aimé, *ou* aimée.

Il auroit été aimée, *ou* elle auroit été aimée.

Nous aurions été aimés, *ou* aimées.

Vous auriez été aimés, *ou* aimées.

Ils auroient été aimés, *ou* elles auroient été aimées.

On dit aussi : *J'eusse été aimé, ou aimée, tu eusses*

été aimé, *ou* aimée, il eût été aimé, *ou* elle eût été aimée, nous eussions été aimés, *ou* aimées, vous eussiez été aimés, *ou* aimées, ils eussent été aimés, *ou* elles eussent été aimées.

IMPÉRATIF.

Point de première personne.
Sois aimé, *ou* aimée.
Qu'il soit aimé, *ou* qu'elle soit aimée.
Soyons aimés, *ou* aimées.
Soyez aimés, *ou* aimées.
Qu'ils soient aimés, *ou* qu'elles soient aimées.

SUBJONCTIF.
PRESENT OU FUTUR.

Que je sois aimé, *ou* aimée.
Que tu sois aimé, *ou* aimée.
Qu'il soit aimé, *ou* qu'elle soit aimée.
Que nous soyons aimés, *ou* aimées.
Que vous soyez aimés, *ou* aimées.
Qu'ils soient aimés, *ou* qu'elles soient aimées.

IMPARFAIT.

Que je fusse aimé, *ou* aimée.
Que tu fusses aimé, *ou* aimée.
Qu'il fût aimé, *ou* qu'elle fût aimée.
Que nous fussions aimés, *ou* aimées.
Que vous fussiez aimés, *ou* aimées.
Qu'ils fussent aimés, *ou*

qu'elles fussent aimées.

PRETERIT.

Que j'aye été aimé, *ou* aimée.
Que tu ayes été aimé, *ou* aimée.
Qu'il ait été aimé, *ou* qu'elle ait été aimée.
Que nous ayons été aimés, *ou* aimées.
Que vous ayez été aimés, *ou* aimées.
Qu'ils ayent été aimés, *ou* qu'elles ayent été aimées.

PLUSQUEPARFAIT.

Que j'eusse été aimé, *ou* aimée.
Que tu eusses été aimé, *ou* aimée.
Qu'il eût été aimé, *ou* qu'elle eût été aimée.
Que nous eussions été aimés, *ou* aimées.
Que vous eussiez été aimés, *ou* aimées.
Qu'ils eussent été aimés, *ou* qu'elles eussent été aimées.

INFINITIF.
PRESENT.

Être aimé, *ou* aimée.

PRETERIT.

Avoir été aimé, *ou* aimée.

PARTICIPES.
PRESENT.

Étant aimé, *ou* aimée.

PASSÉ.

Ayant été aimé, *ou* aimée.
FUTUR.
Devant être aimé, *ou* aimée.

Ainsi se conjuguent *être fini*, *être reçu*, *être rendu*, etc.

Régime des Verbes Passifs.

Règle.

On met *de* ou *par* devant le nom ou pronom qui suit le verbe passif.

Exemples.

La souris est mangée par *le chat.*
Un enfant sage est aimé de ses parens.
Remarque. N'employez jamais *par* avec le nom *Dieu*, dites :
Les méchans seront punis de *Dieu*, et non pas *seront punis* par *Dieu.*

VERBES NEUTRES.

On appelle *neutres*, les verbes après lesquels on ne peut pas mettre *quelqu'un*, ni *quelque chose* : *languir*, *dormir* sont des verbes neutres, parce qu'on ne peut pas dire, *languir quelqu'un*, *dormir quelque chose*, etc. (On les appelle *neutres*, parce qu'ils ne sont ni *actifs*, ni *passifs*.)

La plupart des verbes neutres se conjuguent comme les verbes actifs, avec l'auxiliaire *avoir* : *je dors*, *j'ai dormi*, *j'avois dormi*, *j'aurois dormi*, etc.

Mais il y a des verbes neutres qui se conjuguent dans leurs temps composés avec l'auxiliaire *être*, comme *venir*, *arriver*, *tomber*, etc.

CONJUGAISON

CONJUGAISON DES VERBES NEUTRES.

INDICATIF.
PRESENT.
Je tombe.
Tu tombes.
Il , *ou* elle tombe.
Nous tombons.
Vous tombez.
Ils , *ou* elles tombent.
IMPARFAIT.
Je tombois.
Tu tombois.
Il , *ou* elle tomboit.
Nous tombions.
Vous tombiez.
Ils , *ou* elles tomboient.
PRETERIT DEFINI.
Je tombai.
Tu tombas.
Il tomba.
Nous tombâmes.
Vous tombâtes.
Ils , *ou* elles tombèrent.
PRETERIT INDEFINI.
Je suis tombé , *ou* tombée.
Tu es tombé , *ou* tombée.
Il est tombé , *ou* elle est tombée.
Nous sommes tombés , *ou* tombées.
Vous êtes tombés , *ou* tombées.
Ils sont tombés , *ou* elles sont tombées.
PRETERIT ANTERIEUR.
Je fus tombé , *ou* tombée.
Tu fus tombé , *ou* tombée.
Il fut tombé , *ou* elle fut tombée.
Nous fûmes tombés , *ou* tombées.
Vous fûtes tombés , *ou* tombées.

Ils furent tombés , *ou* elles furent tombées.
PLUSQUEPARFAIT.
J'étois tombé , *ou* tombée.
Tu étois tombé , *ou* tombée.
Il étoit tombé , *ou* elle étoit tombée.
Nous étions tombés , *ou* tombées.
Vous étiez tombés , *ou* tombées.
Ils étoient tombés , *ou* elles étoient tombées.
FUTUR.
Je tomberai.
Tu tomberas.
Il , *ou* elle tombera.
Nous tomberons.
Vous tomberez.
Ils , *ou* elles tomberont.
FUTUR PASSÉ.
Je serai tombé , *ou* tombée.
Tu seras tombé , *ou* tombée.
Il sera tombé , *ou* elle sera tombée.
Nous serons tombés , *ou* tombées.
Vous serez tombés , *ou* tombées.
Ils seront tombés , *ou* elles seront tombées.
CONDITIONNELS.
PRESENT.
Je tomberois.
Tu tomberois.
Il , *ou* elle tomberoit.
Nous tomberions.
Vous tomberiez.
Ils , *ou* elles tomberoient.
PASSÉ.
Je serois tombé , *ou* tombée.

Tu serois tombé, *ou* tombée.

Il seroit tombée, *ou* elle
seroit tombée.

Nous serions tombés, *ou*
tombées.

Vous seriez tombés, *ou*
tombées.

Ils seroient tombés, *ou* elles seroient tombées.

On dit aussi : *Je fusse
tombé, ou tombée, tu fus-
ses tombé, ou tombée, il fût
tombé, ou elle fût tombée,
nous fussions tombés, ou
tombées, vous fussiez tombés, ou tombées, ils fus-
sent tombés, ou elles fussent tombées.*

IMPÉRATIF.

Point de première personne.
Tombe.
Qu'il, *ou* qu'elle tombe.
Tombons.
Tombez.
Qu'ils, *ou* qu'elles tom-
bent.

SUBJONCTIF.

PRESENT ou FUTUR.
Que je tombe.
Que tu tombes.
Qu'il, *ou* qu'elle tombe.
Que nous tombions.
Que vous tombiez.
Qu'ils, *ou* qu'elles tombent.

IMPARFAIT.
Que je tombasse.
Que tu tombasses.
Qu'il, *ou* qu'elle tombât.
Que nous tombassions.
Que vous tombassiez.

Qu'ils, *ou* qu'elles tom-
bassent.

PRETERIT.
Que je sois tombé, *ou* tombée.
Que tu sois tombé, *ou* tombée.
Qu'il soit tombé, *ou* qu'elle
soit tombée.
Que nous soyons tombés,
ou tombées.
Que vous soyez tombés, *ou*
tombées.
Qu'ils soient tombés, *ou*
qu'elles soient tombées.

PLUSQUEPARFAIT.
Que je fusse tombé, *ou*
tombée.
Que tu fusses tombé, *ou*
tombée.
Qu'il fût tombé, *ou* qu'elle
fût tombée.
Que nous fussions tombés,
ou tombées.
Que vous fussiez tombés,
ou tombées.
Qu'ils fussent tombés, *ou*
qu'elles fussent tombées.

INFINITIF.

PRESENT.
Tomber.
PRETERIT.
Être tombé, *ou* tombée.

PARTICIPES.

PRESENT.
Tombant.
PASSÉ.
Tombé, tombée, étant
tombé.
FUTUR.
Devant tomber.

Conjuguez de même les verbes *aller, arriver, déchoir, décéder, entrer, sortir, mourir,*

naître, partir, rester, descendre, monter, passer, venir, et ses composés *devenir, survenir, revenir, parvenir,* etc. etc.

Il y a des verbes neutres qui ont un régime.

RÉGIME DES VERBES NEUTRES.

Règles.

On met *à* ou *de* devant le nom ou pronom qui suit le verbe neutre.

Exemples.

A	DE
Nuire à la santé.	*Médire de quelqu'un.*
Plaire au Roi.	*Profiter des leçons.*
Convenir à quelqu'un.	*Jouir de la liberté.*

VERBES RÉFLÉCHIS.

On appelle Verbes *réfléchis*, ceux dont le nominatif et le régime sont la même personne ; comme, *je me flatte, tu te loues, il se blesse,* etc.

Les verbes *réfléchis* se conjuguent comme le verbe *tomber,* c'est-à-dire, qu'ils prennent l'auxiliaire *être* aux temps composés. Nous ne mettrons ici que les premières personnes.

CONJUGAISON DES VERBES RÉFLÉCHIS.

INDICATIF.
PRESENT.

Je me repens.
Tu te repens.
Il, *ou* elle se repent.

Nous nous repentons.
Vous vous repentiez.
Ils, *ou* elles se repentent.

IMPARFAIT.

Je me repentois, etc.

PRETERIT INDEFINI.
Je me repentis, etc.
PRETERIT DEFINI.
Je me suis repenti, *ou* repentie.
PRETERIT ANTERIEUR.
Je me fus repenti, *ou* repentie.
PLUSQUEPARFAIT.
Je m'étois repenti, *ou* repentie.
FUTUR.
Je me repentirai.
FUTUR PASSÉ.
Je me serai repenti, *ou* repentie.
CONDITIONNELS.
PRESENT.
Je me repentirois.
PASSÉ.
Je me serois repenti, *ou* repentie.
On dit aussi : *Je me fusse repenti*, *ou* *repentie*.
IMPÉRATIF.
Point de première personne.
Repens-toi.
Qu'il, *ou* qu'elle se repente.

Repentons-nous.
Repentez-vous.
Qu'ils, *ou* qu'elles se repentent.
SUBJONCTIF.
PRESENT *ou* FUTUR.
Que je me repente.
IMPARFAIT.
Que je me repentisse.
PRETERIT.
Que je me sois repenti, *ou* repentie.
PLUSQUEPARFAIT.
Que je me fusse repenti, *ou* repentie.
INFINITIF.
PRESENT.
Se repentir.
PRETERIT.
S'être repenti, *ou* repentie.
PARTICIPES.
PRESENT.
Se repentant.
PASSÉ.
Repenti, s'étant repenti, *ou* repentie.
FUTUR.
Devant se repentir.

Remarque. Me, *te*, *se*, *nous*, *vous*, qui sont le régime des verbes réfléchis, sont quelquefois régime *direct*, comme dans *je me flatte*, c'est-à-dire, *je flatte* moi ; *tu te blesseras*, c'est-à-dire, *tu blesseras* toi ; et quelquefois ils sont régime *indirect*, comme dans cet exemple : *je me fais une loi*, c'est-à-dire, *je fais* à moi *une loi* ; *il s'est fait honneur*, c'est-à-dire, *il a fait honneur* à soi, etc.

VERBES IMPERSONNELS.

On appelle *Verbe impersonnel*, celui qui ne s'emploie dans tous les temps qu'à la troisième personne du singulier ; comme, *il faut, il importe, il pleut,* etc. il se conjugue à cette troisième personne comme les autres verbes.

CONJUGAISON DES VERBES IMPERSONNELS.

INDICATIF.

PRESENT.

Il faut.

IMPARFAIT.

Il falloit.

PRETERIT DEFINI.

Il fallut.

PRETERIT INDEFINI.

Il a fallu.

PRETERIT ANTERIEUR.

Il eut fallu.

PLUSQUEPARFAIT.

Il avoit fallu.

FUTUR.

Il faudra.

FUTUR PASSÉ.

Il aura fallu.

CONDITIONNELS.

PRESENT.

Il faudroit.

PASSÉ.

Il auroit fallu.

SUBJONCTIF.

PRESENT ou FUTUR.

Qu'il faille.

IMPARFAIT.

Qu'il fallût.

PRETERIT.

Qu'il ait fallu.

PLUSQUEPARFAIT.

Qu'il eût fallu.

INFINITIF.

PRESENT.

Falloir.

PARTICIPE.

PASSÉ.

Ayant fallu.

Remarque. Le mot *il* ne marque un verbe *impersonnel* que lorsqu'on ne peut pas mettre un nom à sa place ; car lorsqu'en parlant d'un enfant on dit : *il joue,* ce n'est pas un impersonnel, parce qu'à la place du mot *il,* on peut mettre *l'enfant,* et dire : *l'enfant joue.*

CHAPITRE VI.

SIXIÈME ESPÈCE DE MOTS.

Le Participe.

LE *Participe* est un mot qui tient du verbe et de l'adjectif, comme, *aimant, aimé* : il tient du verbe en ce qu'il en a la signification et le régime : *aimant Dieu, aimé de Dieu* ; il tient aussi de l'adjectif en ce qu'il qualifie une personne ou une chose, c'est-à-dire, qu'il en marque la qualité.

Accord des Participes.

Participe présent, *aimant, finissant, recevant, rendant.*

Règle. Le participe présent ne varie jamais, c'est-à-dire, qu'il ne prend ni genre, ni nombre.

Exemples.

Un homme lisant.	Une femme lisant.
Des hommes lisant.	Des femmes lisant.

Remarque. Ce qu'on appelle *gérondif* n'est autre chose que le participe présent devant lequel on met le mot *en*, comme les *jeunes gens se forment l'esprit, en lisant de bons livres.* (1).

___

(1) Il ne faut pas confondre avec le participe présent, certains adjectifs verbaux, c'est-à-dire, qui viennent des

Participe passé, *aimé*, *fini*, *reçu*, *rendu.*

Le participe passé s'accorde ou avec son nominatif, ou avec son régime.

Première règle. Le participe passé, quand il est accompagné du verbe auxiliaire *être*, s'accorde en genre et en nombre avec son nominatif ou sujet, c'est-à-dire, que l'on ajoute *e*, si le sujet est féminin, et *s*, si le sujet est pluriel.

Exemples.

Mon frère a été puni.	*Ma sœur a été* punie.
Mes frères ont été punis.	*Mes sœurs ont été* punies. (1)
Mon frère est tombé.	*Ma sœur est* tombée.
Mes frères sont tombés.	*Mes sœurs sont* tombées.

Exception unique. Dans les temps composés des verbes *réfléchis*, le participe ne s'accorde pas avec son nominatif. On dit d'une femme : *elle s'est* mis *cela dans la tête* (et non pas *mise*), *quelques païens se sont* donné *la mort* (et non pas *se sont* donnés.)

Mais quand le participe passé est accompagné du verbe auxiliaire *avoir*, il ne s'accorde jamais avec son nominatif.

Mon père a écrit une lettre.	*Ma mère a écrit une lettre.*
Mes frères ont écrit *une lettre.*	*Mes sœurs* ont écrit *une lettre.*

------

verbes.) On dit *un homme* obligeant, *une femme* obligeante ; ce ne sont pas des participes, parce qu'ils n'ont pas de régime ; mais quand je dis : *cette femme est d'un bon caractère*, obligeant *tout le monde quand elle peut* ; obligeant est ici *participe*, puisqu'il a le régime *tout le monde.*

(1) Le participe été n'a ni féminin ni pluriel ; on dit : *elle a été*, *ils ont été.*

(Le participe ne change point, quoique le nominatif soit masculin ou féminin, singulier ou pluriel.) (1)

Deuxième règle. Le participe passé s'accorde toujours avec son régime *direct*, quand ce régime est devant le participe.

Exemples.

La lettre que vous avez écrite, je l'ai lue.
Les livres que j'avois prêtés on les a rendus.
Quelle affaire avez-vous entreprise ?
Combien d'ennemis n'a-t-il pas vaincus !
Quand la race de Caïn se fut multipliée....

On voit que le régime mis devant le participe est ordinairement pronom : *que, me, te, se, le, la, les, nous, vous, quels.* (2)

Mais quand le régime n'est placé qu'après le participe, ce participe ne s'accorde pas avec son régime.

Exemples.

J'ai écrit une lettre.   *J'ai écrit des lettres.*
Vous avez acheté un livre.   *Vous avez acheté des livres.*

Écrit, acheté ne changent pas, quoique le

---

(1) Dans cette phrase, *elle s'est blessée*, ce n'est pas avec le nominatif *elle*, mais avec le régime *se* que s'accorde le participe *blessée*.

(2) Autrefois, on mettoit deux exceptions; 1°. quand le nominatif est après le participe, comme : *la leçon que vous ont donné vos maîtres*, 2°. quand le participe est suivi d'un adjectif qui fait partie du régime, comme *Adam et Eve que Dieu avoit créé innocens.* Mais c'est à tort; il faut dans le premier exemple *donnée* et dans le second, il faut *créés.*

régime soit singulier ou pluriel, masculin ou féminin, parce que ce régime est après le participe.)

Remarque. On dit, sans faire accorder : *les vertus que j'ai* entendu *louer, les vices que j'ai* résolu *d'éviter* : *que* n'est pas ici régime des participes *entendu, résolu*, mais des infinitifs suivans, *louer, éviter* : pour connoître si le régime dépend du participe, il faut voir si l'on peut mettre ce régime immédiatement après le participe. On ne peut pas dire : *j'ai entendu les vertus ; j'ai résolu les vices.*

CHAPITRE VII.

SEPTIÈME ESPÈCE DE MOTS.

La Préposition.

LA *Préposition* est un mot qui sert à joindre le nom ou pronom suivant au mot qui la précède ; par exemple ; quand je dis : *la lumière* du *soleil* ; *du* marque le rapport qu'il y a entre *lumière* et *soleil* : quand je dis, *utile* à *l'homme* ; *à* fait rapporter le nom *homme* à l'adjectif *utile* : quand je dis, *j'ai reçu de mon père* ; *de* sert à joindre le nom *père* au verbe *reçu*, etc. *de, à,* sont des prépositions ; le mot qui suit s'appelle le *régime* de la *préposition.*

Cette espèce de mots s'appelle *préposition*, parce qu'elle se met ordinairement devant le nom qu'elle régit.

3.

Prépositions Françoises.

Pour marquer la place, ou le lieu.

A. Attacher *à* la muraille : vivre à *Paris* : aller *à* Rome.

Dans. Etre *dans* la maison : serrer *dans* une cassette.

En. Etre *en* Italie : voyager *en* Allemagne.

De. Sortir *de* la ville : venir *de* la province.

Chez. Etre *chez* le Roi : ce livre est *chez* le Libraire.

Devant. Marcher *devant* le Roi : allez *devant* moi.

Après. J'irai *après* vous : courir *après* quelqu'un.

Derrière. Les laquais vont *derrière* leur maître : se cacher *derrière* un mur.

Parmi. Cet officier fut trouvé *parmi* les morts.

Sur. Avoir son chapeau *sur* la tête : mettre un flambeau *sur* la table.

Sous. Mettre un tapis *sous* les pieds : tout ce qui est *sous* le ciel.

Vers. Les yeux levés *vers* le ciel : l'aimant se tourne *vers* le Nord.

Pour marquer l'ordre.

Avant. La nouvelle est arrivée *avant* le courrier.

Entre. Tenir un enfant *entre* les bras : *entre* Pâques et la Pentecôte.

Dès. Cette rivière est navigable *dès* sa source :
dès sa plus tendre enfance.
Depuis. Depuis Paris jusqu'à Orléans : *depuis*
la création jusqu'au déluge.

Pour marquer l'union.

Avec. Manger *avec* ses amis : il est parti *avec*
la fièvre.
Pendant. Pendant la guerre.
Durant. Durant la guerre.
Outre. Compagnie de cent hommes *outre* les
officiers.
Selon. Se conduire *selon* la raison.
Suivant. Suivant l'Evangile.

Pour marquer séparation.

Sans. Les soldats *sans* leurs officiers.
Hors. Tout est perdu *hors* l'honneur.
Excepté. Tout est perdu *excepté* l'honneur.

Pour marquer opposition.

Contre. Sujets révoltés *contre* le Prince : plai-
der *contre* quelqu'un.
Malgré. Il est parti *malgré* moi.
Nonobstant. Il a fait cela *nonobstant* mes re-
présentations.

Pour marquer le but.

Envers. Charitable *envers* les pauvres : son respect *envers* ses supérieurs.

Touchant. Il m'a écrit *touchant* cette affaire.

Pour. Travailler *pour* le bien public : étudier *pour* son instruction.

Pour marquer la cause , le moyen.

Par. Fléchir *par* ses prières : tout a été créé *par* la parole de Dieu.

Moyennant. J'espère *moyennant* la grâce de Dieu.

Attendu. Le courrier n'a pu partir, *attendu* le mauvais temps.

CHAPITRE VIII.

HUITIÈME ESPÈCE DE MOTS.

L'Adverbe.

L'Adverbe est un mot qui se joint ordinairement au verbe ou à l'adjectif, pour en déterminer la signification : quand on dit : *cet enfant parle distinctement* ; par ce mot *distinctement* , l'on fait entendre qu'il parle d'une manière , plutôt que d'une autre.

1°. Il y a des adverbes qui marquent la *manière* ; ils sont presque tous terminés en *ment* et ils se forment des adjectifs, comme sagement de *sage* , poliment de *poli* , agréablement d'*agréable* , modestement de *modeste* , etc.

2°. Il y a des adverbes qui marquent l'*ordre*, comme , *premièrement, secondement, d'abord, ensuite , auparavant* , exemple : d'abord *il* faut *éviter le mal*, ensuite *il faut faire le bien*.

3°. Il y a des adverbes qui marquent le *lieu*, comme *où*, *ici*, *là*, *deçà*, *au-delà*, *dessus*, *par-tout*, *auprès*, *loin*, *dedans*, *dehors*, *ailleurs* ; exemple : *où êtes-vous ? Je suis* ici ; *je vais* là.

4°. Il y a des adverbes de *temps*, comme *hier*, *autrefois*, *bientôt*, *souvent*, *toujours*, *jamais*, etc. exemple : *cet enfant joue* toujours, *et ne s'applique* jamais.

5°. Il y a des adverbes de *quantité*, comme *beaucoup*, *peu*, *assez*, *trop*, *tant*, etc. exemple : *il parle* beaucoup *et réfléchit* peu.

6°. Enfin il y a des adverbes de *comparaison*, comme *plus*, *moins*, *aussi*, *autant*, etc. exemple : plus *sage*, aussi *sage*, moins *sage que vous*.

Remarque. Certains adjectifs sont quelquefois employés comme adverbes ; on dit : chanter *juste*, parler *bas*, voir *clair*, rester *court*, frapper *fort*, sentir *bon*, etc.

CHAPITRE IX.

NEUVIÈME ESPÈCE DE MOTS.

La Conjonction.

Remarque. L'ON a vu jusqu'à présent comment les mots se joignent ensemble, pour former un sens ; les mots ainsi réunis font une *phrase* ou *proposition* ; la plus petite proposition doit avoir au moins deux mots , le nominatif et le verbe, comme *je chante , vous lisez , l'homme meurt :* souvent le verbe a un régime, comme *je chante un air , vous lisez une lettre ,* etc.

La *Conjonction* est un mot qui sert à joindre une phrase à une autre phrase ; par exemple quand on dit : *il pleure* et *il rit en même temps ,* ce mot *et* lie la première phrase ; *il pleure ,* avec la seconde, *il rit.*

Différentes sortes de Conjonctions.

1°. Pour marquer la liaison : *et , ni, aussi , que.*

2°. Pour marquer opposition : *mais, cependant , néanmoins , pourtant.*

3°. Pour marquer division , *ou , ou bien , soit.*

4°. Pour marquer exception : *sinon , quoique.*

5°. Pour comparer : *comme , de même que , ainsi que.*

6°. Pour ajouter : *de plus , d'ailleurs , outre que , encore.*

7°. Pour rendre raison : *car , parce que , puisque , vu que.*

8°. Pour marquer l'intention : *afin que , de peur que.*

9°. Pour conclure : *or , donc , ainsi , de sorte que.*

10°. Pour marquer le temps : *quand , lorsque , comme , dès que , tandis que.*

11°. Pour marquer le doute : *si , supposé que , pourvu que , en cas que.*

Il y a plusieurs autres conjonctions ; l'usage les fera connoître : la plus ordinaire est *que* : on distingue la conjonction *que* du *que* relatif, en ce qu'il ne peut pas se tourner par *lequel, laquelle*.

Régime des Conjonctions.

Parmi les Conjonctions, les unes veulent le verbe suivant au subjonctif, les autres à l'indicatif.

Voici celles qui régissent le subjonctif : *soit que, sans que, si ce n'est que, quoique, jusqu'à ce que, encore que, à moins que, pourvu que, supposé que, au cas que, avant que, non pas que, afin que, de peur que, de crainte que*, et en général quand on marque quelque doute, ou quelque souhait, comme *je souhaite, je doute* que *cet enfant soit jamais savant*.

CHAPITRE X.

DIXIÈME ESPÈCE DE MOTS.

L'Interjection.

L'Interjection est un mot dont on se sert pour exprimer un sentiment de l'ame, comme la joie, la douleur, etc.

La joie : *Ah ! Bon !*

La douleur : *Aye ! Ah ! Hélas ! Ouf !*

La crainte : *Ha ! Hé !*

L'aversion : *Fi, Fi donc.*

L'admiration : *Oh !*

Pour encourager : *Çà*, *Allons*, *Courage*.
Pour appeler : *Holà ! Hé !*
Pour faire taire : *Chut* , *Paix*.

REMARQUES PARTICULIÈRES

SUR CHAQUE ESPÈCE DE MOTS.

Des Lettres.

H est aspirée dans *héros* ; on dit *le héros* ; mais elle n'est point aspirée dans *l'héroïsme* ; *l'héroïsme* de la vertu.

l au milieu et à la fin des mots, quand elle est précédée d'un *i* , est ordinairement mouillée , et se prononce comme à la fin de ces mots, *soleil*, *orgueil*, *famille*, *bouillir*.

s entre deux voyelles se prononce comme *z* ; exemple : *maison*, *poison* : excepté les mots *préséance* , *présupposer* , où l'on conserve la prononciation de l's.

d à la fin du mot *grand* se prononce comme *t* devant une voyelle ou une *h* muette : *grand homme* , on prononce comme s'il y avoit *grant homme.*

gn au milieu d'une phrase se prononce comme dans *ignorance*, *magnanime*. On écrit *œil* que l'on prononce comme *euil*.

Des noms composés.

Quand un nom est composé d'un adjectif et d'un nom , ils prennent tous deux la marque du pluriel ; exemple : *un gentilhomme*, des *gentilshommes.*

Quand il est composé de deux noms unis par une préposition, on ne met la marque du pluriel qu'au premier des deux noms ; exemple : *un chef-d'œuvre, des chefs-d'œuvre, un arc-en-ciel, des arcs-en-ciel.*

Quand il est composé d'une préposition ou d'un verbe, et d'un nom, le nom seul prend la marque du pluriel ; exemple : *un entre-sol, des entre-sols, un garde-fou, des gardes-foux.*

Noms de nombre.

Cent au pluriel, et *vingt* dans *quatre-vingt*, six *vingt* prennent une *s*, quand ils sont suivis d'un nom ; exemple : deux cents *hommes*, quatre-vingts *volumes*, six vingts *arbres.*

Pour la date des années, on écrit *mil* ; exemple : *le froid fut très-grand en* mil *sept cent neuf :* partout ailleurs on écrit *mille* qui ne prend jamais *s*, *deux* mille *hommes.*

Neuf se prononce devant une voyelle comme *neuv :* exemple : *il y a neuf ans*, prononcez *neuv ans.*

On dit *une demi-heure, une demi-livre :* ce mot *demi* ne change pas, quand il est devant le nom ; mais dites : un heure et *demie*, une livre et *demie :* quand le mot *demi* est après le nom, il en prend le genre.

Noms partitifs.

On appelle noms partitifs ceux qui marquent

la partie d'un plus grand nombre , comme *la plupart de* , *une infinité de* , *beaucoup de* , *peu de* ; etc.

Les noms partitifs suivis d'un nom pluriel veulent le verbe et l'adjectif au pluriel.

Exemple.

La plupart des enfans sont légers.

Remarque. Dans le sens partitif on met *de* et non pas *des* , devant un adjectif ; exemple : *j'ai lu* de *bons livres*, et non pas *des* bons livres : *j'ai vu* de *belles maisons.*

Pronoms.

1°. *Vous* , employé pour *tu*, veut le verbe au pluriel , mais l'adjectif suivant reste au singulier.

Exemple.

Mon fils , *vous* serez estimé , *si vous* êtes sage.

2°. *Le* , *la* , *les* , sont quelquefois pronoms et quelquefois ils sont articles : l'article est toujours suivi d'un nom ; *le roi* , *la reine* , *les hommes* : au lieu que le pronom est toujours joint à un verbe , comme *je* le *connois* , *je* la *respecte* , *je* les *estime.*

Le pronom *le* ne prend ni genre , ni nombre , quand il tient la place d'un adjectif ou d'un verbe ; par exemple : si l'on disoit à une dame : *Madame* , *êtes-vous malade ?* il faudroit qu'elle répondît : *oui* , *je* le *suis*, et non pas *je* la *suis*, parce que *le* se rapporte à l'adjectif *malade* : on doit s'accommoder à l'humeur des autres autant qu'on le *peut* : je mets *le*, parce qu'il se rapporte au verbe *accommoder*.

3°. N'employez le pronom *soi* qu'après un nominatif vague et indéterminé, comme *on*, *chacun*, *ne*, etc.

Exemples.

On *ne doit jamais parler de* soi.
Chacun *songe à* soi.
N'*aimer que* soi, *c'est être mauvais citoyen.*

4°. Il ne faut pas se servir du pronom *son*, *sa*, *ses*, *leur*, *leurs*, mis pour un nom de chose, à moins que ce nom ne soit exprimé dans la même phrase ; ainsi ne dites pas : *Paris est beau, j'admire ses bâtimens* ; mais dites : j'en admire *les bâtimens.*

On emploie bien *son*, *sa*, *ses*, etc. pour un nom de chose, quand il est exprimé dans la même phrase ; ainsi on dit bien : *la Seine a sa source en Bourgogne.* (1)

5°. Il faut dire : *c'est en Dieu que nous devons mettre notre espérance*, et non pas, *en qui* ; *c'est à vous-même que je veux parler*, et non pas, *à qui* je veux : dans ces deux phrases *que* n'est pas relatif, mais conjonction.

____

(1) Cependant, quoique le nom de *chose* ne soit pas dans la même phrase, on se sert bien de *son*, *sa*, *ses*, quand il est régi par une préposition, comme : *Paris est beau ; j'admire la grandeur de ses bâtimens.*

6°. *Qui* relatif est toujours de la même personne que son *antécédent* ; ainsi il faut dire : *moi* qui *ai vu* ; *vous* qui *avez vu* ; *nous* qui *avons vu* , etc.

7°. *Qui* , précédé d'une préposition, ne se dit jamais des choses, mais seulement des personnes, ainsi ne dites pas : *les sciences* à qui *je m'applique* ; mais , auxquelles *je m'applique.*

8°. *Ce* devant le verbe *être* veut ce verbe au singulier , excepté quand il est suivi de la troisième personne plurielle ; on dit : c'est *moi,* c'est *toi,* c'est *lui,* c'est *nous,* c'est *vous qui* ; mais il faut dire : ce sont *eux* , ce sont *elles* , ce sont *vos ancêtres qui ont bâti ce château.*

9°. *Tout* mis pour *quoique, entièrement,* ne change point de nombre devant un adjectif masculin ; ainsi dites : *les enfans* tout *aimables qu'ils sont , ne laissent pas d'avoir bien des défauts.*

Tout ne change ni de genre, ni de nombre devant un adjectif féminin pluriel qui commence par une voyelle ou une *h* muette ; ainsi dites : *ces images* , tout *amusantes qu'elles sont ne me plaisent pas.* (1)

Mais si l'adjectif féminin est au singulier , ou , si étant au pluriel, il commence par une consonne , alors on met *toute , toutes* ; exemple : *cette image* , toute *amusante qu'elle est ,*

____

(1) Quand *tout* signifie *entièrement* , il suit la même règle ; *ils sont* tout *interdits ; elles sont* tout *interdites* , etc.

ne me *plaît pas* ; ces images, toutes *belles qu'el-*
les sont, ne me *plaisent pas.*

10°. *Quelque... que* s'emploie de cette manière, s'il y a un adjectif entre *quelque* et *que*,
alors *quelque* ne prend jamais *s* à la fin.

Exemple.

Les rois quelque *puissans qu'ils soient ne*
doivent pas oublier qu'ils sont hommes.

S'il y a un nom entre *quelque* et *que*, alors
on met *quelque* au même nombre que le nom.

Exemple.

Quelques *richesses* que *vous ayez*, *vous ne*
devez pas vous énorgueillir.

Si le nom n'est placé qu'après le *que* et le
verbe, alors il faut écrire en deux mots sépa-
rés *quel* ou *quel* que, *quels* ou *quelles* que.

Exemple.

Quelle *que soit votre naissance* , quelles *que*
soient vos richesses , vous ne devez pas vous
énorgueillir ; votre naissance , quelle *qu'elle*
soit , *ne vous donne pas le droit de mépriser*
les autres.

11°. *Celui-ci, celui-là*, s'emploient de cette
manière : *celui-ci* pour la personne dont on a
parlé en dernier lieu ; *celui-là* pour la personne dont on a parlé en premier lieu.

Exemple.

Les deux philosophes Héraclite et Démocrite étoient *d'un caractère bien différent ;* celui-ci rioit *toujours ;* celui-là *pleuroit sans cesse.*

Ceci désigne une chose plus proche, *cela* désigne une chose plus éloignée ; exemple : *je n'aime pas* ceci : *donnez-moi* cela.

12°. Le mot *personne* employé comme *pronom* est du masculin ; on dit : *je ne connois* personne *plus heureux que moi ;* mais *personne* employé comme *nom* est du féminin : *cette* personne *est très-heureuse.*

On ne dit plus : *un chacun , un quelqu'un.*

Remarques sur les Verbes.

I.

Le nominatif, soit nom, soit pronom, se place après le verbe ; 1°. quand on interroge ; exemple : *Que penseront de vous* les honnêtes gens , *si vous n'êtes pas sages ? Irai-*je *? Viendras-*tu *? Est-*il *arrivé ?*

Quand le verbe qui précède, *il , elle , on ,* finit par une voyelle , on ajoute un *t* devant *il , elle , on ;* exemple : *Appelle-t-il ? Viendra-t-elle ? Aime-t-on les paresseux ?*

L'usage ne permet pas toujours cette manière d'interroger à la première personne, parce que la prononciation en seroit rude et désagréable ; ne dites pas : *cours-je ? ments-je ? dors-je ? sors-je ?* etc. il faut prendre un autre tour, et dire : *est-ce que je cours ? est-ce que je mens ? est-ce que je dors ?*

2°. Le nominatif se met encore après le verbe, quand on rapporte les paroles de quelqu'un ; exemple : *je me croirai heureux, disoit* un bon roi, *quand je ferai le bonheur de mes sujets.*

3°. Après *tel, ainsi* ; exemple : *tel étoit* son avis ; *ainsi mourut* ce prince.

4°. Après les verbes impersonnels : exemple : *il est arrivé* un grand malheur.

I I.

On ne doit se servir du prétérit *défini*, qu'en parlant d'un temps absolument écoulé, et dont il ne reste plus rien ; ainsi ne dites pas, *j'étudiai aujourd'hui, cette semaine, cette année*, parce que le jour, la semaine, l'année, ne sont pas encore passés ; ne dites pas non plus : *j'étudiai ce matin* ; il faut pour le prétérit *défini* qu'il y ait l'intervalle d'un jour ; mais on dit bien : *j'étudiai hier, la semaine dernière, l'an passé*, etc.

Le prétérit *indéfini* s'emploie indifféremment pour un temps passé, soit qu'il en reste encore une partie à écouler ou non ; on dit bien : *j'ai étudié ce matin, j'ai étudié hier, j'ai étudié cette semaine, j'ai étudié la semaine passée*, etc.

I I I.

A quel temps du subjonctif faut-il mettre

le verbe qui suit la conjonction *que ?* (Quand
elle régit ce mode.)

Première règle. Quand le premier verbe est
au présent et au futur, mettez au présent du
subjonctif le second verbe qui est après *que.*

Exemple.

Il faut
Il faudra } *que* vous soyez *plus attentifs.*

Deuxième règle. Quand le premier verbe est
à l'un des prétérits, mettez le second verbe à
l'imparfait du subjonctif.

Exemples.

Il falloit. . . . .
Il fallut . . . . .
Il a fallu . . . . } *que* vous fussiez *plus attentifs.*
Il eût fallu . . .
Il auroit fallu. .

Remarques sur la Préposition.

1°. Ne confondez pas *autour* et *à l'entour :*
autour est une préposition, et elle est toujours
suivie d'un régime ; *autour du trône : à l'entour* n'est qu'un adverbe, et il n'a point de
régime : *il étoit sur son trône, et ses fils
étoient* à l'entour.

2°. Ne confondez pas *avant* et *auparavant : avant* est une préposition, et elle est
suivie d'un régime : *avant l'âge, avant le
temps : auparavant* n'est qu'un adverbe, et
il n'a point de régime : *ne partez pas si-tôt,
venez me voir* auparavant.

3°.

3°. *Au travers* est suivi de la préposition *de* ; *au travers* des ennemis : *à travers* n'en est pas suivi ; on dit : *à travers les ennemis.*

Remarques sur les Adverbes.

1°. *Plus* et *davantage* ne s'emploient pas toujours l'un pour l'autre : *davantage* ne peut être suivi de la préposition *de*, ni de la conjonction *que* ; on ne dit pas : *il a davantage* de brillant *que* de solide ; mais *plus de brillant* ; on ne dit pas : *il se fie* davantage *à ses lumières qu'à celles des autres*, mais *il se fie* plus *à ses lumières.*

Davantage ne peut s'employer que comme adverbe ; exemple : *La science est estimable, mais la vertu l'est bien* davantage.

2°. Ne confondez pas l'adverbe *près de*, qui signifie *sur le point de*, avec l'adjectif *prêt à*, qui signifie *disposé à* ; on ne dit point : *il est prêt à tomber* ; mais *il est* près de *tomber.*

Ne confondez pas *à la campagne* et *en campagne* ; ce dernier ne se dit que du mouvement des troupes ; *l'armée est* en campagne ; mais il faut dire : *j'ai passé l'été* à la campagne.

Remarque sur le Régime.

Règle. Un nom peut être régi par deux adjectifs, ou par deux verbes à la fois, pourvu que ces adjectifs et ces verbes ne veuillent pas un régime différent.

Exemples.

Cet homme est utile et cher à sa famille.
Cet officier attaqua et prit la ville.

Mais on ne peut pas dire : *cet homme est
utile et chéri de sa famille*, parce que l'adjectif *utile* ne peut régir *de sa famille* ; on
ne peut pas dire : *cet officier attaqua et se rendit maître de la ville*, parceque le verbe *attaquer* ne peut régir *de la ville.*

CHAPITRE XI.

DE L'ORTHOGRAPHE.

L'ORTHOGRAPHE est la manière d'écrire correctement tous les mots d'une langue.

ORTHOGRAPHE DES NOMS.

1°. La première lettre des noms propres,
des noms de dignité, doit être une lettre capitale : *Louis*, *Paris.*

2°. Tous les noms qui ne finissent point
par *s* au singulier, en prennent une au pluriel ; exemple : *un jardin charmant*, *des jardins charmans.*

3°. C'est une faute d'écrire sans *h* les mots
qui commencent par cette lettre : écrivez *l'honneur* et non pas *l'onneur* ; quoiqu'on écrive

honneur avec deux *nn*, il n'y en a qu'une dans *honorer.*

4°. On écrit avec *mp*, *compte*, *compter*, pour signifier *supputer*; avec *m* seulement, *comte*, *comté* titres de dignité; avec un *n con-te*, *conter*, pour signifier *raconter.*

5°. On écrit avec *mp champ*, pour signifier *terre*, et avec *nt chant*, pour signifier l'action de *chanter.*

On écrit ainsi *faim*, besoin de manger, et *fin*, le terme où finit une chose : *la mort est la fin de la vie.*

Mots en *ace* et en *asse.*

On écrit ainsi par *ce*, *glace*, *besace*, *grima-ce*, *espace*, *place*, *race*, *grâce*; etc.

Et par *sse*, *terrasse*, *basse*, *grasse*; tous les imparfaits du subjonctif de la première conjugaison : *j'aimasse*, *j'appellasse*. etc.

Mots en *ance* et en *ence.*

On écrit par *a* les mots suivans : *abondance*, *constance*, *vigilance*, *distance*, etc.

Et par *e*, *prudence*, *conscience*, *absence*, *clémence*, *éloquence*, etc. (On suit à cet égard l'orthographe latine ; *abundantia*, *prudentia*.)

Mots en *ece* et en *esse.*

On écrit ainsi par *ce*, *nièce*, *pièce*, et par *sse*, *adresse*, *blesse*, *paresse*, etc.

Mots en *ice* et en *isse*.

On écrit ainsi par *ce*, *calice*, *office*, *artifice*, *précipice*, etc.

Et par *sse*, *écrevisse*, *reglisse*, *jaunisse*; tous les imparfaits du subjonctif de la deuxième et quatrième conjugaison : *je finisse*, *je rendisse*.

Mots en *sion*, *tion*, *xion*, *ction*.

On écrit par une *s*, *appréhension*, *dimension*, *pension*, *convulsion*, *ascension*, etc. par *t*, *attention*, *condition*, *agitation*, *discrétion*, etc.

Remarque. *t* conserve sa prononciation dans les noms où il est précédé d'une *s* ou d'une *x*; *question*, *indigestion*, *mixtion* : autrement il se prononce comme *s* : *attention*, prononcez *attension*.

On écrit par *x*, *fluxion*, *réflexion*, *complexion*, *génuflexion*, etc. et par *ct action*, *distinction*, *séduction*, *prédilection*, etc.

(*Ces observations ne peuvent être réduites en règles générales : la lecture et le dictionnaire doivent en tenir lieu.*)

ORTHOGRAPHE DES VERBES.

Présent de l'Indicatif.

Singulier. 1°. Si la première personne finit par *e*, *j'aime*, *j'ouvre*, etc. on ajoute *s* à la

seconde : la troisième est semblable à la première ; exemple : *j'aime , tu aimes , il aime.*

2°. Si la première personne finit par *s* , ou
x , la seconde est semblable à la première , la
troisième finit ordinairement en *t* : *je finis , tu
finis , il finit.* (Dans quelques verbes la troisième personne se termine en *d* ; il *rend* , il
vend , il *prétend.*)

Pluriel. Le pluriel dans toutes les conjugaisons se termine toujours par *ons , ez , ent* :
*nous aimons , vous aimez , ils aiment ; nous
finissons , vous finissez , ils finissent.*

Imparfait de l'indicatif.

Il se termine toujours de cette manière: *ois,
ois , oit , ions , iez , oient.*

*J'aimois , tu aimois , il aimoit ; nous ai-
mions , vous aimiez , ils aimoient.*

Prétérit de l'indicatif.

Le prétérit *défini* a quatre terminaisons ,
ai , is , us , ins , de cette manière.

*J'aimai, tu aimas , il aima ; nous aimâmes ,
vous aimâtes , ils aimèrent.*

*Je finis , tu finis , il finit ; nous finîmes ,
vous finîtes , ils finirent.*

*Je reçus , tu reçus , il reçut ; nous reçûmes ,
vous reçûtes , ils reçurent.*

*Je devins , tu devins , il devint , nous devîn-
mes , vous devîntes , ils devinrent.*

Futur de l'indicatif.

Il se termine toujours ainsi : *rai , ras , ra.*

J'aimerai, *tu aimeras*, *il aimera*; *nous aimerons*, *vous aimerez*, *ils aimeront.*

Je recevrai, *tu recevras*, *il recevra*; *nous recevrons*, *vous recevrez*, *ils recevront.* (1)

Conditionnel présent.

Il se termine toujours ainsi : *rois*, *rois*, *roit*; *rions*, *riez*, *roient.*

J'aimerois, *tu aimerois*, *il aimeroit*; *nous aimerions*, *vous aimeriez*, *ils aimeroient.*

Je recevrois, *tu recevrois*, *il recevroit*; *nous recevrions*, *vous recevriez*, *ils recevroient.*

Présent du subjonctif.

Il se termine toujours ainsi : *e*, *es*, *e*, *ions*, *iez*, *ent.*

Que j'aime, *que tu aimes*, *qu'il aime*; *que nous aimions*, *que vous aimiez*, *qu'ils aiment.*

Imparfait du subjonctif.

Il a quatre terminaisons : *asse*, *isse*, *usse*, *insse*, de cette manière.

J'aimasse, *tu aimasses*, *il aimât*; *nous aimassions*, *vous aimassiez*, *ils aimassent.*

Je finisse, *tu finisses*, *il finît*; *nous finissions*, *vous finissiez*, *qu'ils finissent.*

Je reçusse, *tu reçusses*, *il reçût*, *nous reçussions*, *vous reçussiez*, *qu'ils reçussent.*

Je devinsse, *tu devinsses*, *il devînt*; *nous devinssions*, *vous devinssiez*, *ils devinssent.*

---

(1) N'écrivez pas *je recevrai*, *je renderai*; on ne met *e* devant *rai* qu'à la première conjugaison.

Remarquez que les secondes personnes plu-
rielles des verbes ont ordinairement un *z* à
la fin.

REMARQUES

Sur l'orthographe des Pronoms , Adverbes , et
autres mots.

Leur ne prend jamais *s* à la fin , quand il est
joint à un verbe : alors il signifie *à eux, à elles* :
ces enfans ont été sages : je leur *donnerai un*
prix.

Leur , suivi d'un nom pluriel prend une *s* ;
alors il signifie *d'eux, d'elles : un père aime ses*
enfans , mais il n'aime pas leurs *défauts.*

On ne met point d'accent sur o dans *notre ,*
votre , quand ils sont devant un nom : *votre*
père , notre maison ; mais on met un accent
circonflexe sur o dans *le nôtre , le vôtre , la nô-*
tre , la vôtre ; exemple : *mon livre est plus*
beau que le vôtre.

On met un accent grave sur *là* adverbe de
lieu : *allez là ;* on n'en met point sur *la* article : la *reine ;* ni sur le pronom féminin *la :*
je la *connois.*

On met un accent grave sur *où* adverbe de
lieu : *où allez-vous ?*

On n'en met point sur *ou* conjonction : *c'est*
vous ou *moi.*

On met un accent grave sur *à* préposition :
je vais à Paris.

On n'en met point sur *a* troisième personne du verbe *avoir* : *il a de l'esprit.*

On met un accent circonflexe sur *dû* participe du verbe *devoir* : *rendez à chacun ce qui lui est* dû : on n'en met point sur *du* article ; *la lumière* du *soleil.*

De l'Apostrophe.

L'Apostrophe (') marque le retranchement d'une de ces trois lettres, *a* , *e* , *i.*

a , *e* , suivis d'une voyelle ou d'une *h* muette se retranchent dans *le* , *la* , *je* , *me* , *te* , *se* , *de* , *ne* , *que* , *ce.*

Le , on dit : *l'ami, l'enfant, l'instinct, l'oiseau, l'univers, l'honneur,* pour *le enfant,* etc.

La , on dit : *l'abeille, l'épée, l'intention, l'oisiveté,* pour *la abeille, la épée,* etc.

Je , on dit : *j'apprends, j'étudie, j'honore, j'oublie,* pour *je apprends,* etc.

Me , on dit : *vous m'aimez, vous m'estimez, vous m'instruisez,* pour *me aimez,* etc.

Te , on dit : *je t'avertis, je t'ennuie, je t'invite,* pour *je te avertis,* etc.

Se , on dit : *il s'amuse, il s'ennuie, il s'instruit, il s'occupe,* pour *il se amuse,* etc.

De , on dit : *beaucoup d'apparence, d'ignorance, d'orgueil,* pour *de apparence,* etc.

Ne , on dit : *je n'aime pas, je n'estime pas, il n'obéit pas,* pour *je ne aime,* etc.

Que , on dit : *qu'avez-vous fait ? qu'importe ?* pour *que avez-vous fait ?* etc.

Ce , on dit : *c'est la vérité,* pour *ce est,* etc.

E à la fin des mots *quelque* , *entre* , *jusque.*

Quelque, perd *e* devant *un*, *autre* : quel-qu'*un*, quelqu'*autre*.

Entre, perd *e* devant *eux*, *elles*, *autres* : entr'*eux*, entr'*elles*, entr'*autres*.

Jusque, perd *e* devant *à*, *au*, *aux*, *ici*, jusqu'*à Paris*, jusqu'*au ciel*, jusqu'*ici*.

i, se retranche dans le mot *si* devant *il*, *ils* : s'*il arrive*, s'*ils viennent*.

Du trait d'union.

Le *trait d'union* (-) se met entre deux ver-bes et *je*, *me*, *moi*, *toi*, *tu*, *nous*, *vous*, *il*, *ils*, *elle*, *elles*, *le*, *la*, *les*, *lui*, *leur*, *y*, *en*, *ce*, *on*, quand ces mots sont placés après le verbe.

Exemples.

Irai-je ? viens-tu ? donnez-lui ; achevera-t-il ? viendra-t-elle ? a-t-on fait ? prenez-en, etc.

On met encore le *trait d'union* entre deux mots tellement joints ensemble qu'ils n'en font plus qu'un : *chef-d'œuvre*, *courte-pointe*, *avant-coureur*.

Du Tréma.

Le *tréma* (··). On appelle ainsi deux points placés sur les voyelles *i*, *u*, *e*, quand ces let-tres doivent être prononcées séparément de la voyelle qui précède, comme *haïr*, *païen*, *aïeul*, *ambiguë*, pour empêcher qu'on ne pro-nonce ce dernier mot comme *fatigue*.

De la Cédille.

La *cédille* (ç). On appelle ainsi une petite

figure , qu'on met sous le *c* devant *a* , *o* , *u* ,
pour avertir qu'il doit avoir le son de *s* comme
dans *façon* , *leçon* , *façade*.

De la parenthèse.

La *parenthèse* ( ). On appelle ainsi deux
crochets dans lesquels on renferme quelques
mots détachés ; exemple: *Celui qui évite d'ap-*
prendre (dit le Sage) *tombera dans le mal:*

DE LA PONCTUATION.

Il y a six marques , pour indiquer en écri-
vant, les endroits du discours où l'on doit s'ar-
rêter.

1°. La virgule (,) se met après les noms ,
les adjectifs , les verbes qui se suivent.

Exemples.

La candeur , la docilité , la simplicité , sont
des vertus de l'enfance.
La charité est douce , patiente , bienfaisante.

La virgule sert encore à distinguer les différentes parties d'une phrase.

Exemple.

L'étude rend savant, et la réflexion rend sage.

2°. Le point avec la virgule (;) se met
entre deux phrases , dont l'une dépend de
l'autre.

Exemple.

La douceur est à la vérité une vertu ; mais elle ne doit pas dégénérer en foiblesse.

3°. Les deux points (:) se mettent après une phrase finie, mais suivie d'une autre qui sert à l'étendre ou à l'éclaircir.

Exemple.

Il ne faut jamais se moquer des misérables : car qui peut s'assurer d'être toujours heureux ?

4°. Le point (.) se met à la fin des phrases, quand le sens est fini.

Exemple.

Le mensonge est le plus bas de tous les vices.

5°. Le point interrogatif (?) se met à la fin des phrases qui expriment une interrogation.

Exemple.

Quoi de plus beau que la vertu ?

6°. Le point admiratif (!) se met après les phrases qui expriment l'admiration.

Exemple.

Qu'il est doux de servir le Seigneur !

DE LA PROSODIE.

La Prosodie est l'art de donner à chaque syllabe l'intonation qui lui est propre. Quelques auteurs donnent à la Prosodie un vaste ressort. Sans appliquer à étendre ou à resserrer les limites de cette partie de notre langue, source de mille beautés, nous nous contenterons de parler des deux points les plus essentiels : l'appui de la voix et la quantité des syllabes.

L'APPUI DE LA VOIX.

L'appui prosodique est une syllabe, un mot sur lequel la voix porte et s'appuie. La marche de notre langue est rapide : et de toutes les prononciations vicieuses celle qui l'est le plus est la traînante. Cependant, quoique les brèves dominent, l'appui modère cette vîtesse continue qui feroit perdre haleine.

Appuyez fortement sur toutes les syllabes longues : *Rōse, honnête, procès*.

Appuyez légèrement sur l'antépénultième de l'*e* muet, lorsque la pénultième est brève : *prophète, courage, aimable*.

Appuyez diversement suivant les diverses circonstances sur les mots saillans de la phrase. Que votre voix flexible se monte à tous les tons, pour exprimer tous les sentimens, pour peindre toutes les images.

QUANTITÉ DES SYLLABES.

PREMIÈRE RÈGLE.

TOUTE syllabe affectée de l'accent circonflexe, est longue : *bâton, connoître, forêt.*

Exceptez :

Dû, participe de *devoir ; crû,* participe de *croire ; hôtel, hôtellerie, hôtesse, hôpital :* tous mots qui devroient rejeter l'accent circonflexe, parce qu'il y est placé contre l'esprit de son institution.

DEUXIÈME RÈGLE.

Les voyelles, consonnes et les diphtongues finales sont brèves : *sofa, trésor, enjeu.*

Exceptez :

1°. *a,* lettre de l'alphabet : un *a* de ronde, un *a* de coulée.

2°. *Fer, enfer, mer, amer, ver, hiver, cuiller, est,* du verbe *être.*

3°. Les diphtongues *au* et *eau,* qui sont longues dans toutes les circonstances (*Paul* excepté.) Prononcez long, dans *joyau, bateau, auteur, il faut, royaume.* L'avancement des deux lèvres, nécessaire pour rendre ce son, l'alonge naturellement, en prolongeant l'action de l'air.

TROISIÈME RÈGLE.

Les syllabes masculines terminées par *s*, *x*, *z*, sont longues : *le discours, les discours, une noix, le nez, des nez, nous lisions, autrefois* : à moins que *s*, *x*, ou *z* ne se prononcent fortement, comme dans *Ajax*, *Vénus*.

L'*e* muet conserve sa briéveté naturelle, malgré le caractéristique du pluriel.
La malédiction suit les enfans rebelles.

QUATRIÈME RÈGLE.

Toute syllabe masculine qu'une autre syllabe masculine suit est brève : *aménité.* Dans ce mot, *a* est bref à cause de *mé*; *mé* est bref à cause de *ni*; *ni* est bref à cause de *té.* Notre langue a peu de principes qui aient plus d'étendue.

D'après cette règle, *a* est bref dans *modération, conservation*, et dans tous les mots en *ation*, parce qu'il est suivi d'une syllabe masculine. Prononcez-le donc bref dans *modération, conservation, considération*, etc. conformément au génie de notre prosodie, et à l'avis du dictionnaire grammatical, et non pas long, comme prononcent quelques personnes.

Exceptez de cette règle :

1°. *Accabler, sabrer, délabrer, se cabrer, bacler, racler, cadrer, madré, rafler, gagner, maigrir, damner, vieillard.*

2°. *Plusieurs mots à double* s.

Adosser, affaisser, amasser, avocasser,

baisser, *boisson*, *boisseau*, *bossu*, *brosser*, *chassis*, *classique*, *carrossier*, *casser*, *compassion*, *croasser*, *cassonnade*, *cassolette*, *cassette*, *désosser*, *enchasser*, *entasser*, *épaisseur*, *fossé*, *graisser*, *caissier*, *grossir*, *laisser*, *lasser*, *masser*, terme de jeu ; *passer*, *passion*, *passif*, *poisson*, *poisser*, *professer*, *renaissance*, *rosser*, *tirasser*, *vaisseau*.

3º. *Plusieurs mots à double* r.

Abhorrer, *aguerri*, *amarré*, *arrher*, *barrière*, *bigarré*, *bourrer*, *bourru*, *carré*, *carrosser*, *je clorrai*, *je clorrois*, et tous les temps semblables où *r* se double ; *charrier* de lescive, *charrette*, *charrue*, *correct*, *corridor*, *corriger* ; *corrompre*, *désarroi*, *embarras*, *ferrer*, *garroter*, *horreur*, *larron*, *marraine*, *marri*, *marron*, *marroquin*, *narrer*, *parrain*, *parricide*, *parroisien*, *porreau*, *terrain*, *terreur*, *torrent*, *verrière*, *verrou*.

4º. Toutes les syllabes qui ont un son plein devant *s* doux ou *z* : *blason*, *gazette*, *cloison*, *plaisir*, *faisan*, *oser*, etc.

Lorsque le son est moins plein, la syllabe est brève : *lésion*, *aisance*, *avisé*, *épuiser*, *amusant*.

Rusé est long.

5º. Tous les mots en *ailler* : *rimailler*, *ferrailler*.

Batailler, *détailler*, *émailler*, *travailler* sont brefs.

6º. Tous les mots en *aillon*, *pénaillon*, etc.

Médaillon et *bataillon* sont brefs.

Observez que les simples, les composés, les primitifs, les dérivés, tous les mots qui se rapportent à ceux que nous venons de citer ont la même valeur prosodique.

Ainsi puisque *a* s'alonge dans *damner*, il s'alonge de même dans *condamner*, *condamnable*, *condamnation*.

Observez encore que toute syllabe masculine, longue malgré la syllabe masculine suivante, s'alonge, à plus forte raison, s'il suit une syllabe féminine. Ainsi puisque *o* est long dans *grossir*, il l'est à plus forte raison dans *grosse* ; la voix devant glisser sur la syllabe muette, se dédommage d'avance sur la syllabe sonore.

CINQUIÈME RÈGLE.

La nasale se forme par une seule voyelle, alors elle est moyenne : *turban*, *prudent*, *divin*, *chanson*, *parfum*, *importun* : ou par plusieurs voyelles, et alors elle est longue : *faim*, *pain*, *besoin*, *baragouin*.

Exceptions.

1°. Toutes les terminaisons en *ant* son longues : *amant*, *garant*, etc.

2°. Toutes les terminaisons en *ein* et en *ien* sont moyennes : *dessein*, *atteint*, *bien*.

3°. Toute nasale, à une seule ou plusieurs voyelles est longue devant une syllabe muette : *chambre*, *plante*, *prudente*, *peinte*, *plainte*, etc.

Je ne crois pas qu'il y ait des nasales brèves, parce que le son se prolonge de lui-même en résonnant dans le nez.

Il y a des syllabes qu'on pourroit appeler *demi-nasales.* C'est lorsqu'il y a redoublement de *m* ou de *n*, comme dans *homme*, *couronne* ; mais alors le résonnement dans le nez est si foible, qu'il ne sauroit alonger la syllabe. Ces mots paroissent devoir être soumis à la règle septième.

SIXIÈME RÈGLE.

L'*e* muet pur rend longue la syllabe qui précède : *renommée, vie, gaieté, nous louerons*, etc.

SEPTIÈME RÈGLE.

La consonne précédant l'*e* muet accompagné, est brève : *solécisme, parle, pomme, couronnement*, etc.

Exceptez :

1°. *Flamme, enflamme, manne, Jacques, greffe, je pousse.*

2°. Tous les mots où l'*e* muet est précédé de deux *r : bizarre, bizarrerie*, etc.

Tous les mots en *aille : funéraille, muraille, Versaille*, etc. Prononcez brefs, *médaille, je bataille, je détaille, j'émaille, je travaille*, à l'affirmatif.

Car ces quatre verbes sont longs au complétif ; *il faut que je bataille, que je détaille, que j'émaille, que je travaille.*

HUITIÈME RÈGLE.

Les voyelles et les diphtongues précédant l'*e* muet accompagné, sont brèves, *ménagement, rapide, avoine, souveraineté.*

Exceptez :

1°. *Grâce, espace, escadre, ame, infâme, les manes, la haine, nèfle, règne, zèle, cène, scène, je rode, je rogne, doge, geôle, môle, cidre, hydre, vivre, meule, poutre, je pousse*, etc.

2°. Tous les substantifs en *able : fable, sable.*

Table et *étable* sont brefs.

3°. Tous les sons en *arbre*, en *acle*, et en *ave.*

Candélabre, cinabre, oracle, gravement, suave, sont longs.

4°. Tous les sons en *age*, et en *eme : piége, allégement, problème, thème.*

Prononcez brefs *je sème, le deuxième, deuxièmement*, et les adjectifs numéraux en *ième.*

5°. Tous les sons en *ive*, en *ome*, et en *one : alternative, perspective, épitome, gnome, amazone, monotone.*

Rome est bref.

6°. Tous les sons en *oudre*, en *oivre*, en *ouille*, en *oule : foudre, dissoudre, poivre, brouillerie, quenouille, écroulement, foule.*

Il est incontestable que la Prosodie influe beaucoup dans la lecture et dans la composition des ouvrages.

L'emploi des longues au lieu de brèves, et des brèves au lieu de longues rompt l'accord qui doit régner entre le son et l'organe ; les articulations fausses crispent l'oreille, qui, chargée de porter à l'esprit les signes des pensées, leur ferme tout accès , parce qu'ils se présentent mal. On peut appliquer à la lecture ces deux vers de Boileau :

Le vers le mieux rempli , la plus noble pensée.
Ne peut plaire à l'esprit , quand l'oreille est blessée.

CONCLUSION.

LA meilleure manière de s'assurer si les jeunes gens ont bien compris cette petite Grammaire, c'est de prendre un livre françois , de leur en faire lire quelques phrases qu'ils entendent bien , et de leur faire rendre raison de chaque mot, et de tout ce qui le concerne.

1°. En déclarant si c'est un *article* , ou un *nom* , ou un *verbe* , ou une *préposition*, etc.

2°. En énonçant son *genre*, son *nombre*, son *cas*, si c'est un nom susceptible de déclinaison.

3°. En spécifiant sa *personne* , son *nombre*, *temps* et *mode* , quand c'est un verbe ; et en donnant toujours la raison grammaticale pour laquelle ces mêmes mots sont construits de la sorte.

Voici la manière dont on fait l'application des règles. Je suppose que vous ayez cette phrase à expliquer : *L'écolier diligent aime l'étude*. Vous commencerez à demander à l'enfant :

D. Qui est-ce qui aime ?

R. L'écolier.

D. Comment connoître qu'un nom est sujet ou nominatif d'un verbe ?

R. Lorsqu'il vient en réponse à la question, *qui est-ce qui ?* faite sur un verbe. *Ecolier* est donc le sujet ou nominatif du verbe *aime.*

D. Q'entendez-vous par sujet ou nominatif?

R. Le sujet ou nominatif est ce qui exprime ou désigne, soit la personne, soit la chose dont on parle.

D. Ecolier, quel nom est-ce ?

R. C'est un nom substantif.

D. Qu'est-ce qu'un nom substantif?

R. C'est un mot qui sert à nommer une personne ou une chose, comme *écolier, Paul, livre, chapeau.*

D. Diligent, quel nom est-ce ?

R. C'est un nom adjectif.

D. Qu'entendez-vous par un nom adjectif?

R. J'entends un mot que l'on ajoute a: nom substantif, pour marquer la qualité d'une personne ou d'une chose, comme : *écolier diligent, prairie agréable.*

D. Comment peut-on distinguer l'adjectif du substantif ?

R. On distingue l'adjectif du substantif, premièrement, en ce que le nom auquel on peut joindre le mot *personne* ou *chose*, est un adjectif, et celui auquel on ne peut le faire convenir est un substantif ; secondement, le nom substantif n'a pas besoin d'être joint à un autre nom pour être entendu : ainsi on entend bien ce que veut dire *écolier* ; au lieu que le nom adjectif suppose toujours un nom substantif, auquel il se rapporte, et sans lequel il ne peut être entendu: ainsi *diligent* ne s'entend clairement que quand on y joint un nom substantif, comme *écolier.*

D. En quoi l'adjectif doit-il s'accorder avec son substantif ?

R. En genre, en nombre et en cas, si le substantif est susceptible de déclinaison, c'est-à-dire, qu'il doit avoir le même genre, le même nombre et le même cas què le substantif auquel il est joint. Si le substantif est au masculin, l'adjectif sera au masculin ; s'il est au singulier, il sera au singulier, etc. comme dans l'exemple cité.

D. Aime, qu'est-ce ?

R. C'est un verbe.

D. Pourquoi un verbe ?

R. Parce qu'il exprime l'action que le sujet fait.

D. Qu'est-ce qu'un verbe ?

R. C'est un mot dont on se sert pour exprimer que l'on est, ou que l'on fait quelque chose ; ainsi le mot *être*, *je suis* est un verbe ; le mot *aimer*, *j'aime* est un verbe.

D. Comment connoît-on un verbe en françois ?

R. Quand on peut y ajouter ces prenoms, *je*, *tu*, *il*, *nous*, *vous*, *ils* ; comme : J'*aime*, tu *aimes*, il *aime* ; nous *aimons*, vous *aimez*, ils *aiment*.

D. L'étude, qu'est-ce ?

R. C'est le régime du verbe *aime.*

D. Qu'entendez-vous par *régime* ?

R. Le régime est le terme sur lequel se porte l'action.

D. Comment connoît-on qu'un mot est régime ?

R. Quand il répond à la question *quoi ?* faite
sur le verbe, comme dans l'exemple que nous
venons de citer : *l'écolier diligent aime l'étude.*

D. L'écolier diligent aime, quoi ?

R. L'étude.

D. L'étude est donc le régime du verbe *aime*?

R. Oui.

En faisant tous les jours pareil exercice sur
toutes les phrases qu'on voudra aux jeunes gens
qu'on instruit, nous osons assurer qu'on réus-
sira à leur bien apprendre leur langue, et à
les former parfaitement à l'orthographe, et
qu'on leur abrégera de moitié la route du latin.

Il faut accoutumer de bonne heure les enfans à bien distinguer les points, les virgules,
les accens et les autres notes grammaticales,
qui rendent l'écriture correcte : leur en expliquer la nature et l'usage, leur articuler distinctement toutes les syllabes, surtout les finales, et avoir un soin particulier de les corriger des défauts de prononciation qui sont par-
ticuliers à certaines provinces et à certaines
villes.

F I N.